Avant-critiques

Sans exécution, il n'y a pas besoin de stratégie. Nous devons en apprendre davantage sur l'exécution. Jeroen De Flander a ajouté un nouveau chapitre à la science émergente de l'exécution de la stratégie.
PROFESSEUR ROBERT KAPLAN,
HARVARD BUSINESS SCHOOL & DR DAVID NORTON

L'Exécution de la stratégie, chemins secrets *est une lecture fantastique !*
Ce livre est rempli de conseils et d'exemples pratiques formidables et explique dans un style clair et engageant comment mettre en œuvre vos idées ou stratégies.
Non seulement vous apprécierez de lire ce livre,
mais vous vous en inspirerez pour agir !
COSTAS MARKIDES,
PROFESSEUR EN STRATÉGIE ET
ENTREPRENEURIAT, LONDON BUSINESS SCHOOL

Pour créer un avenir meilleur, les grandes idées ne feront pas seules la différence.
Ce dont nous avons besoin ce sont de grandes décisions sur le chemin de l'exécution.
Ce livre explique de manière captivante comment la rhétorique « Just do It »
n'arrive pas toute seule. Elle se produit seulement quand l'esprit est éveillé,
le cœur inspiré et la volonté renforcée.
BERT STEVENS,
VICE PRÉSIDENT DES OPERATIONS EUROPE, NIKE

Jeroen De Flander a remis ça !
*Dans **L'Exécution de la stratégie, chemins secrets**, un compagnon exceptionnel de son travail précédent **Les héros de la stratégie**, il utilise des histoires engageantes, une rigueur scientifique et de nombreuses études de cas convaincantes qui démontrent le pouvoir d'engager la tête (head), le cœur (heart) et les mains (hands)*
dans votre organisation.
PAUL NIVEN,
AUTEUR DE BEST-SELLERS BALANCED SCORECARD, PAS A PAS

L'Exécution de la stratégie, chemins secrets offre une vision rafraîchissante sur la façon dont on peut assurer le succès d'une stratégie sur son lieu de travail.

Je recommande ce livre à n'importe quel dirigeant, en particulier dans un environnement multiculturel où la connexion entre la tête (head), le cœur (heart), et les mains (hands) est d'autant plus importante pour réussir l'exécution de la stratégie.

PATRICK BODART,
DIRECTEUR GÉNÉRAL, OFFICE EUROPÉEN DES BREVETS

Enfin un livre qui nous donne des conseils de qualité et de vrais exemples pour nous aider à comprendre *L'Exécution de la stratégie, chemins secrets* de la stratégie. De Flander a remis ça avec *L'Exécution de la stratégie, chemins secrets*.

PHILLIP SHOEMAKER,
DIRECTEUR DES APPLICATIONS INFORMATIQUES, APPLE

Dans la vraie vie, peu importe à quel point vous êtes beau ou intelligent. Ce qui compte c'est d'accomplir des choses et c'est ce dont il s'agit dans *L'Exécution de la stratégie, chemins secrets*.

BILL SAUBERT,
VICE PRÉSIDENT SENIOR, MASTERCARD ADVISORS

Il n'y a qu'une chose qui soit mieux que l'exécution réussie d'une grande stratégie, c'est une exécution plus rapide. Dans *L'Exécution de la stratégie, chemins secrets*, De Flander illustre avec brio la raison pour laquelle le chemin vers le succès est une route longue et sinueuse, pleine de dangers et d'écueils potentiels.

Il offre également des méthodes éprouvées pour augmenter considérablement nos chances de mettre en œuvre notre stratégie, en créant un lien émotionnel fort, en se concentrant sur des modèles de décisions plutôt que sur des listes de tâches à accomplir et en surmontant les limites humaines élémentaires. En suivant ses conseils, nous pouvons accélérer l'exécution et créer un succès durable dans toute entreprise, grande ou petite.

BART SWEERMAN,
DIRECTEUR GÉNÉRAL, ENTREPRISE & SECTEUR PUBLIC EMEA,
CISCO

Le succès exige le cœur d'un amant, l'esprit d'un sage et la discipline d'un soldat. L'exécution de la stratégie nécessite une connexion H³. Embrasser le cœur (heart), les mains (hands) et la tête (head) et suivez la route de l'exécution jusqu'à la ligne d'arrivée.
CHARLES-ANTOINE JANSSEN,
MEMBRE DU CONSEIL, UCB

Développer des stratégies est beaucoup plus facile que de les exécuter. **L'Exécution de la stratégie, chemins secrets** *fournit une approche terre-à-terre pour aider les dirigeants à réussir là où beaucoup échouent : livrer le plan stratégique.*
JAN LÅNG,
PDG, AHLSTROM

L'Exécution de la stratégie, chemins secrets *offre une excellente feuille de route pour réussir dans la nouvelle réalité des affaires. Les dirigeants de tous les niveaux peuvent adopter ces idées pour amener leur entreprise à un plus haut niveau de performance.*
JORGE INDA MEZA,
DIRECTEUR INTERNATIONAL DE L'INNOVATION STRATÉGIQUE,
AB INBEV

Comment transformer « quoi » et « comment » en succès à travers une superbe exécution ? Ce livre donne des conseils brillants sur l'excellence de l'exécution.
ATUL JAIN,
VICE PRÉSIDENT SÉNIOR, SAMSUNG ELECTRONICS

L'Exécution de la stratégie, chemins secrets *est une lecture incontournable pour tous les dirigeants qui veulent renforcer l'engagement dans la stratégie et guider les autres dans le labyrinthe de sa mise en œuvre.*
CAROLINE HILLEGEER,
VICE PRÉSIDENT SÉNIOR DE LA STRATÉGIE, GDFSUEZ

J'ai lu ce livre pendant un vol long-courrier vers les États-Unis, à 12 000 mètres d'altitude… et ce que j'ai appris était applicable dès le lendemain. Dans la réalité, les pieds sur terre.
RUDI NERINCKX,
DIRECTEUR GROUPE DES RESSOURCES HUMAINES,
GROUPE TESSENDERLO

L'EXECUTION
DE LA STRATEGIE
CHEMINS SECRETS

Comment réussir votre épopée stratégique

Jeroen De Flander

the performance factory | *it's all about*
| *strategy execution*

L'EXECUTION DE LA STRATEGIE
CHEMINS SECRETS
Comment réussir votre épopée stratégique

Titre original : **THE EXECUTION SHORTCUT**
Copyright © 2018 by Jeroen De Flander. Tous droits réservés.
www.jeroen-de-flander.com
Imprimé simultanément aux Etats-Unis et Angleterre.

Publié par the performance factory
Louizalaan 149/24 Avenue Louise, 1050 Brussels Belgium
www.the-performance-factory.com
Pour signaler une erreur : errata@the-performance-factory.com

Avis de responsabilité
Bien que l'éditeur et l'auteur aient apporté le meilleur soin dans la préparation de cet ouvrage, ils n'émettent aucune déclaration ou garantie quant à l'exactitude ou l'exhaustivité du contenu de ce livre et déclinent toute garantie implicite ou marchande ou aptitude à un usage particulier. Les conseils et stratégies contenus dans ce document peuvent ne pas convenir à votre situation. Ni l'éditeur ni l'auteur ne peuvent être tenus responsables de tous préjudices financiers ou commerciaux y compris, mais sans s'y limiter, les dommages spéciaux, accessoires, indirect ou autres.

Les lecteurs doivent prendre note que les sites internet cités comme sources d'information peuvent avoir changé ou disparu entre le moment de la rédaction de ce livre et sa lecture.

Marques déposées
Tout au long de cet ouvrage des noms de marques sont cités. Plutôt que de mettre un symbole pour la marque à chaque fois que le nom est cité, nous déclarons que nous utilisons ces noms seulement pour la cohérence éditoriale et dans l'intérêt du propriétaire de la marque sans intention de porter atteinte à cette dernière. Une telle utilisation ou l'utilisation d'une marque n'en fait pas la promotion et ne revendique pas de lien d'affiliation.

Les publications de The Performance Factory sont disponibles sur amazon.com ou amazon.co.uk. Pour un achat groupé : veuillez contacter bulk@the-performance-factory.com

ISBN 978-908148737-5
NUR: 801, 808 | BIC: KJC, KJMB | BISAC: BUS063000, BUS071000, BUS059000
Mots clés : Stratégie, Leadership, Talents

À
Karen, Lauren, et Jonas
Mes compagnons de voyage dans la vie

À propos de l'auteur

Jeroen De Flander est un expert chevronné de l'exécution de stratégies internationales et un conférencier très respecté. Il a partagé la scène avec des maîtres comme Michael Porter, Costas Markides, Roger Martin, Robert Kaplan et David Norton et a apporté son aide à plus de 33500 managers dans 42 pays afin qu'ils maîtrisent les compétences nécessaires d'exécution. Son premier ouvrage *Les héros de la stratégie*, a atteint le top des meilleures ventes d'Amazon dans 5 pays et a été présélectionné pour le prix du Meilleur Livre de Management de l'année 2012 aux Pays-Bas.

Jeroen est co-fondateur de *the performance factory* - une société de recherche, de formation et de conseils qui se consacre exclusivement à aider les individus et les organisations à améliorer leurs performances grâce à une stratégie d'exécution optimale.

Il a travaillé avec plusieurs écoles de commerce, notamment la London Business School, l'IMD, Vlerick, Solvay et Tias. Il a été pendant plusieurs années le responsable de la gamme de produits Balanced Scorecard à l'international pour Arthur D. Little, un important cabinet de conseil en stratégie.

Il a conseillé plus de 50 sociétés dont Atos Worldline, AXA, Bridgestone, Brussels Airport, CEMEX, Crédit Suisse, GDFSUEZ, Honda, ING, Johnson & Johnson, Komatsu et Sony sur divers sujets de stratégie et d'exécution de la stratégie.

Il est le Président de l'Institut pour l'Exécution de la Stratégie.

À propos des Contributeurs

Vincent Lion est un dirigeant et consultant qui couvre le cycle complet de la conception à la mise en œuvre de stratégies innovantes intégrant les nouvelles technologies et le facteur humain. Il s'appuie sur les 3 piliers que sont la Stratégie, l'Innovation Technologique et le Leadership pour apporter des sauts quantitatifs de création de valeur à ses clients.

Il est actif tant auprès de grands groupes internationaux que de start-ups portant des projets ambitieux de transformation sectorielle dans plusieurs industries.

Outre ses activités de conseil et de direction de la mise en œuvre de grands projets de transformation, Vincent est professeur dans les programmes de 3ème cycle et MBA auprès de la Solvay Brussels School, United Business Institutes et la Faculté IIM/Euro à Novi Sad en Serbie.

Agathe Vigneras est coach de performance spécialisée dans le coaching de dirigeants, de haut potentiels intellectuels et le management par les talents.

Elle a fondé *h-performance*, une société qui propose un nouveau mode de management centré sur l'humain soutenant le développement économique pour transcender l'entreprise et créer une relation saine et durable avec ses parties prenantes.

Lysiane Ho A Kwie est coach professionnel et collabore avec Agathe Vigneras au sein de *h-perfomance*. Après 24 ans d'accompagnement de dirigeants au coeur de leur stratégie de développement en marketing et communication, elle accompagne la transition et la performance durable.

Dans une mise en mouvement respectueuse pour définir et atteindre ses objectifs, tant professionnels que personnels, l'être humain est sur le chemin de l'exécution de sa propre stratégie. Il laisse émerger les clés pour s'engager avec plaisir et efficacité en congruence H[3] (*head, heart, hands*).

Retrouvez-nous sur www.h-performance.fr

Préface de Vincent Lion

Conception ou Exécution ?

Laquelle de ces 2 activités crée le plus de valeur pour une entreprise ? La question est débattue depuis des décennies. Si le domaine de la création d'une stratégie a bien été couvert dans le monde des affaires depuis l'émergence de grands conglomérats internationaux dès la fin du XIXème siècle, ce n'est que depuis la fin du XXème siècle que le monde académique a commencé à vraiment s'intéresser à la capacité de déploiement et de mise en œuvre de la stratégie sous une forme systématique.

Alors que la définition d'une stratégie peut être formalisée en s'appuyant sur les concepts développés par une kyrielle d'auteurs, professeurs et consultants, avec des noms aussi célèbres que Henry Mintzberg, Peter Drucker ou Michael Porter, peu d'ouvrages de référence étaient disponibles pour systématiser l'approche de l'exécution stratégique.

Lorsque j'ai rencontré Jeroen De Flander pour la première fois, nous venions tous deux de rejoindre le cabinet conseil en stratégie Arthur D. Little. L'un comme l'autre nous travaillions tant sur les aspects de définition de stratégie innovante pour nos clients, que sur les aspects de mise en œuvre opérationnelle.

Jeroen est rapidement devenu au sein d'Arthur D. Little la personne de référence pour ce qui concernait l'approche développée par Kaplan et Norton : le Balanced Score Card. Soit la définition d'un ensemble cohérent d'indicateurs stratégiques permettant de piloter une entreprise non seulement sur base d'indicateurs mesurant la performance passée, mais en intégrant également des indicateurs prédictifs de la performance future anticipée.

Si la mécanique de la Balanced Score Card est une avancée importante vers le domaine de l'exécution stratégique, elle n'en reste pas moins incomplète en ce sens qu'elle ne couvre pas l'un des facteurs essentiels pour permettre de systématiser le déploiement réussi d'une stratégie : le facteur humain. Chaque fois qu'une entreprise veut mettre en œuvre une nouvelle stratégie, elle s'embarque dans une aventure humaine où les personnes feront toute la différence entre une stratégie brillante réussie ou vouée à l'échec. Et comme notre collègue Peter Scott-Morgan l'avait bien indiqué dans son livre « The unwritten rules of the game » les aventures humaines ne suivent pas des mécaniques aussi simples que celles du Balanced Score Card.

Conscient de ce manque, et voyant les prémisses d'un nouvelle discipline émerger, Jeroen De Flander a pris le temps à la fin des années 2000 de se retirer partiellement de ses activités de conseil auprès de ses clients pour préparer un ouvrage dédié à l'exécution de la stratégie. J'ai eu le plaisir à l'époque de faire partie d'un petit groupe d'experts que Jeroen avait activés pour lui servir de forum de d'échanges et de réflexion quant aux principaux concepts à retenir pour une mise en œuvre optimale d'un stratégie définie : l'exécution stratégique.

Dans son premier livre « Strategy Execution Heroes », Jeroen De Flander a ainsi réalisé pour l'exécution stratégique un travail comparable à celui de Michael Porter pour la conception stratégique. Il a synthétisé un ensemble de concepts développés par plusieurs professeurs et consultants pour en faire un corpus cohérent.

Avec un sens aigu de la narration, Jeroen a ensuite utilisé la métaphore du marathon pour illustrer le défi auquel les entreprises sont confrontées. Il ne s'agit pas simplement de gérer le changement d'un virage stratégique à un moment déterminé. Il s'agit de préparer l'organisation et ses forces vives, hommes et femmes, à pouvoir faire face avec efficacité et efficience à plusieurs virages stratégiques qui vont se dérouler sur un horizon temporel de plusieurs années. Les mutations tant politiques, économiques, sociétales que technologiques, environnementales et réglementaires de notre monde actuel sont en effet telles que les cycles stratégiques s'en retrouvent raccourcis et le besoin de déployer régulièrement de nouvelles stratégies en est renforcé.

La préparation de l'organisation à faire face à ces inflexions stratégiques est similaire à la préparation d'un coureur qui veut courir le marathon. On va travailler dans la durée et de façon systématique plusieurs groupes musculaires afin d'être prêt pour gagner la course le jour J, mais en sachant qu'il y aura d'autres courses à courir prochainement. De même l'organisation va travailler de façon systématique sur 8 dimensions partant de la focalisation stratégique pour atteindre la façon d'appuyer les responsables opérationnels dans leurs missions afin d'être prête à s'embarquer dans l'aventure du prochain virage stratégique, puis des suivants.

Cette approche publiée en 2010 a remporté un succès certain, le livre ayant été placé en tête des ventes d'Amazon dans sa catégories pendant de nombreuses semaines. Plusieurs traductions ont rapidement suivi, dont une en français également.

En continuant à affûter sa réflexion, et en confrontant les idées tant de clients que d'autres consultants et académiques, Jeroen a pu constater des différences importantes dans le succès de l'exécution stratégique, même lorsqu'apparemment les entreprises semblaient bien se préparer sur les 8 dimensions identifiées comme « groupes musculaires » essentiels.

C'est cette réflexion qui a mené à la publication du livre que vous tenez entre les mains. Pour rester dans l'analogie avec le marathon la question qui se pose est la suivante :
Comment faire en sorte, une fois que la course du marathon est entamée, d'arriver le plus vite possible et en bonne santé à la ligne d'arrivée, sachant que l'on s'est correctement entraîné ?

Dans cette nouvelle narration, Jeroen va vous entraîner à travers le monde, découvrir comment des dirigeants ont pu identifier et conjurer 7 dangers qui guettent les marathoniens tout au long de leur parcours. Sans vous dévoiler l'intrigue, nous verrons comment mieux aligner la Tête, le Cœur et le Corps des coureurs pour leur permettre de remporter la victoire.

Alors attachez vos ceintures et embarquez pour un grand voyage qui va vous donner les clés essentielles pour construire votre propre épopée stratégique et la mener à bien !

CONTENU

RESSOURCES DES CHEMINS SECRETS

CHAPITRE 1

L'épopée des 3 H

Un jour de grand vent d'octobre 1987, quelques minutes avant midi, un homme de 51 ans avec de la suite dans les idées monta sur la scène d'un hôtel chic de Manhattan, New York. Il portait un costume gris à fines rayures et une cravate assortie d'un rouge puissant. Il avait l'air en bonne forme, solide et sûr de lui, comme n'importe quel dirigeant.

Puis, il prit la parole.

« Je veux vous parler de la sécurité des ouvriers » lança-t-il. Il souligna ensuite les statistiques de l'entreprise, et précisa à l'assemblée que de nombreux ouvriers étaient si gravement accidentés qu'ils étaient contraints d'arrêter de travailler pendant un moment. « Notre bilan de sécurité est meilleur que celui de la main d'œuvre américaine en général, particulièrement lorsque l'on sait que nos employés travaillent avec des métaux chauffés à 1500 degrés et des machines capables d'arracher le bras d'un homme. Mais cela n'est pas suffisant, » dit-il à l'assemblée, « J'ai l'intention d'arriver à zéro accident. »

L'assemblée, un groupe d'investisseurs importants de Wall Street et d'analystes financiers, était complètement confuse. Ils ne s'attendaient pas du tout à ça. Ils avaient imaginé de grandes promesses sur des bénéfices à venir, une vision audacieuse ou un discours sur d'importantes réductions de coûts. Tout sauf un cours sur la sécurité.

Dès la fin de la présentation, ils se ruèrent vers la sortie de la salle. Un conseiller financier s'enfuit à la hâte vers une cabine téléphonique dans le vestibule de l'hôtel, appela ses 20 plus gros clients et les avertit ainsi : « le comité a donné la responsabilité à un hippie et il va couler l'entreprise. » Il leur a ensuite vivement conseillés de se débarrasser de toutes leurs actions avant que la nouvelle ne soit révélée.

Il s'est avéré que ce fut le pire conseil qu'il ait jamais donné.

Quand l'entreprise Aluminum Company of America, plus connue sous le nom « Alcoa », ne fut plus à la hauteur, ils engagèrent Paul O'Neill comme nouveau PDG, espérant que ce dernier puisse inverser le cours des évènements. Ce qu'il fit. Au final, il resta à la tête de l'entreprise pendant 13 ans. Sous sa direction, le taux d'accident d'Alcoa dégringola à un vingtième de la moyenne américaine. Le cours de l'action grimpa jusqu'à 5 fois le niveau de 1987. Si ce conseiller financier avait plutôt suggéré à ses clients d'acheter un million d'actions, ils auraient gagné plus d'un million de dividendes et leurs actions auraient valu 5 millions.

Encore aujourd'hui, l'héritage O'Neill perdure. Alcoa demeure une des entreprises les plus avancées au monde en matière de sécurité. En 2010, aucun jour de travail ne fut perdu pour cause d'accident dans 82% des usines Alcoa. En fait, on a en moyenne plus de chance d'avoir un accident en travaillant dans un bureau de comptabilité ou dans une entreprise informatique qu'en manipulant de l'aluminium en fusion chez Alcoa.

Alors, comment cela a-t-il pu se produire ? Alcoa n'est pas spécialisée dans la vente d'équipements de sécurité mais dans l'aluminium. Vous n'auriez pas imaginé que l'idée folle d'O'Neill puisse aller si loin. Mais d'une certaine façon c'est bien ce qui s'est passé. Résultat : une société d'aluminium qui était au ralenti est devenue une des entreprises les plus performantes du secteur. Et elle s'est renforcée de plus en plus, même longtemps après que l'individu qui eut déclenché son voyage ait quitté l'entreprise.

...

Tôt, le 14 décembre 2004, lors d'un grand congrès médical, un homme de 57 ans avec de la suite dans les idées monta sur scène. Il dit : « voilà ce que je pense que nous devrions faire. Je pense que nous devrions sauver 100 000 vies. Et je pense que nous devrions le faire d'ici le 14 juin 2006, dans 18 mois à partir d'aujourd'hui.

« Quelques-unes » ne dit pas combien et « bientôt » ne dit pas quand. Voici combien : 100 000. Voici quand : Le 14 juin 2006 à 9h. »

L'assemblée, composée de nombreux chefs de services médicaux, était quelque peu surprise. Ils ne s'attendaient pas du tout à ça. Bien sûr il y avait un problème. À ce moment-là, tout le monde savait que le potentiel d'amélioration était énorme. « Entre la santé que nous avons et les soins que nous pourrions avoir, ce n'est pas un fossé qu'il y a mais un gouffre » conclut l'Institut Américain de Médecine en 2001 dans son rapport historique sur la santé au siècle prochain. C'est une chose de savoir qu'il y a un fossé dans l'exécution et une autre de le combler. Le chemin vers la ligne d'arrivée était semé d'embûches et les chefs de services médicaux ne voyaient pas comment Donald Berwick, PDG d'une petite organisation à but non lucratif, pourrait mobiliser 3000 hôpitaux, soit 75% de tous les lits des hôpitaux américains, et qu'ils adhérent à sa lubie de vouloir sauver 100 000 vies en 18 mois.

Mais, il s'est avéré qu'ils avaient tort.

18 mois plus tard exactement, Berwick monta sur scène une nouvelle fois et affirma : « Les hôpitaux qui ont participé à la campagne des 100 000 vies ont ensemble permis d'éviter 122 300 décès selon les estimations. Et, d'une manière tout aussi importante, ils ont contribué à institutionnaliser de nouvelles normes de soins qui continueront de sauver des vies et d'améliorer le résultat des soins à l'avenir. »

Le 7 juillet 2010, Berwick quitta son poste de PDG de l'Institut pour l'amélioration des services médicaux. Mais son héritage perdure. En décembre 2008, 4050 hôpitaux avaient rejoint le programme. Huit états américains inscrivirent 100% de leurs hôpitaux dans la campagne. D'autres pays comme le Brésil, le Canada et le Danemark adhérèrent aussi au programme. En plus de cela, il y a eu un effet de débordement sur d'autres domaines comme la campagne des 100 000 foyers, un mouvement national de communautés travaillant ensemble pour trouver des logements permanents pour les 100 000 sans-abris et familles les plus vulnérables du pays d'ici à Juillet 2014.

Quel est le secret de Berwick ? Comment un seul homme sans pouvoir hiérarchique peut-il inspirer et guider des milliers de cadres, de physiciens et d'infirmières dans 3000 hôpitaux, suffisamment pour sauver plus de 120 000 vies en 18 mois ? Et comment cette idée continue-t-elle à être aussi prégnante longtemps après le départ de cet homme qui avait déclenché son cheminement ?

L'Exécution de la stratégie, chemins secrets est un récit de voyage qui porte sur des stratégies fructueuses. C'est un récit sur de grandes idées et les voyageurs qu'elles rencontrent sur leur chemin vers le succès.

Notre ambition est très simple. Nous voulons découvrir les voies d'exécution que les stratégies couronnées de succès prennent et utiliser ces apprentissages pour mettre nos propres idées sur la bonne voie vers le succès. Examiner les journaux de bord des stratégies fructueuses nous fournit des clés uniques, ils nous montrent le chemin de l'exécution, les obstacles et l'ingéniosité dont les concepteurs ont fait preuve pour les surmonter. Notre sagesse nouvellement acquise nous aide, en tant que stratèges, à améliorer nos propres efforts d'exécution.

L'idée d'O'Neill sur la sécurité et le rêve de Berwick de sauver 100 000 vies sont des exemples de manuels de parcours d'idées réussis. Et bien que leurs organisations puissent sembler ne pas avoir grand chose en commun, une société de 60 000 personnes avec des exploitations dans 30 pays cotée à la Bourse de New York et une organisation à but non lucratif comptant 75 employés, les deux idées ont suivi une trajectoire de parcours très similaire sur leur chemin vers le succès.

Tout d'abord, les deux idées ont trouvé un moyen d'atteindre les cœurs (*hearts*) des personnes impliquées. Cela a capté leur côté émotionnel et ils se sont sentis concernés. Ils ont donc décidé de faire partie du voyage. « Pourquoi ne pas partager mon *autre* idée ? » pensa un ouvrier peu qualifié lorsqu'il apprit qu'O'Neill cherchait des idées pour améliorer la sécurité. Il suggéra de regrouper les machines à peindre pour pouvoir changer les pigments plus rapidement afin qu'ils répondent de manière plus flexible aux demandes des clients. « C'était comme s'il nous avait donné les numéros gagnants du loto », dit un cadre. En un an, les bénéfices des parements en aluminium avaient doublé. Quand les employés d'Alcoa comprirent qu'ils faisaient partie de quelque chose d'important, ils commencèrent tous à s'impliquer.

Ce n'est pas que les professionnels de la santé ne savaient pas que des vies pouvaient être sauvées. Chaque personne dans la salle était consciente de cela. Mais simplement le savoir n'était pas suffisant. Ce n'est que ce jour mémorable de décembre, quand Berwick lança son idée audacieuse, qu'ils ont vraiment commencé à s'en soucier. D'une façon ou d'une autre, il avait trouvé comment atteindre leurs cœurs (*hearts*).

La deuxième caractéristique remarquable partagée par les deux parcours est que les deux idées ont trouvé un moyen d'atteindre leurs têtes (*heads*). Les voyageurs qui empruntaient le chemin de l'exécution avaient compris ce qu'il fallait faire pour réussir. L'équipe de Berwick retranscrit 6 interventions simples avec les conseils et outils adaptés que chaque hôpital pourrait facilement adopter. Par exemple, quand un patient est intubé, sa tête doit être surélevée à 45 degrés pour éviter toute asphyxie. Les médecins et les infirmières étaient encouragés à tracer une ligne sur le mur derrière le lit de chaque patient intubé et à préciser à tout le monde, famille, autres patients et agents d'entretien qu'il fallait avertir immédiatement quelqu'un si la tête du patient descendait en dessous de la ligne tracée sur le mur.

Chez Alcoa, O'Neill mis en place une simple boucle de rétroaction. Si quelqu'un se blessait, le manager responsable devait lui faire directement un rapport dans les 24 heures avec une idée pour empêcher qu'un tel accident ne se reproduise. O'Neill leur expliqua très clairement comment ils pouvaient contribuer au succès de l'idée.

Et le succès est permanent. Les gens continuent de faire avancer l'idée longtemps après que le créateur de l'idée ait quitté la scène. Prenez Alcoa. C'est maintenant un endroit plus sûr que quand O'Neill est parti. Et chaque semaine, de nouveaux hôpitaux du monde entier adhèrent au programme. D'une certaine manière, l'idée a trouvé un moyen d'atteindre les mains (*hands*) des gens. L'idée est restée, c'est la troisième caractéristique commune des deux voyages.

Au cours de ce livre, nous découvrirons que cette triple connexion : Tête, Cœur, Mains (*Head, Heart, Hands*) est au cœur de chaque parcours stratégique réussi. Nous découvrirons également que les stratèges qui réussissent ont trouvé une réponse à trois questions cruciales : 1) Comment est-ce que je fais en sorte que les autres prennent en considération mon idée, suffisamment en considération pour vouloir trouver comment ils peuvent contribuer à son succès ; 2) Comment je fais pour que les autres soient conscients de toute l'étendue de l'idée, suffisamment conscients pour qu'ils puissent prendre des décisions en autonomie qui aient des répercussions positives sur le succès ; 3) Comment est-ce que je garde les autres en mouvement et les dynamise assez pour les maintenir sur le chemin de l'exécution même quand je ne suis pas là ?

Le nom donné à cette triple connexion réussie, la connexion entre une grande idée et les voyageurs qu'elle rencontre sur son chemin d'exécution est la suivante : *la connexion H³*. C'est notre passerelle d'exploration des chemins secrets de l'exécution.

1.
Les bandits sur le chemin de l'exécution

Nous avons tous d'excellentes idées et nous avons souvent besoin de l'aide des autres pour les faire briller. Mais amener les gens à soutenir un produit de notre imagination est plus facile à dire qu'à faire. Nous savons, et nous en avons probablement fait personnellement l'expérience, que les gens ne font pas toujours ce que nous aimerions qu'ils fassent. Parfois, ils ne semblent pas se soucier de notre idée et nous nous demandons pourquoi ils ne voient pas les mêmes avantages que ceux que nous voyons. Parfois, ils semblent faire tous les faux pas et nous nous demandons : « Comment cela peut-il être si compliqué ? » Et parfois, ils semblent trop occupés par d'autres choses et nous pensons : « Pourquoi ne pousses-tu pas un peu plus fort ? » Comme nous le faisons.

Nous luttons tous pour faire passer nos idées. Parce que les connexions H³ qui réussissent sont beaucoup plus difficiles à faire que beaucoup d'entre nous ne le pensent. Et l'échec ne vient pas tant de la qualité de l'idée mais du comportement humain séculaire et conditionné. Il s'avère que la nature humaine tue les grandes idées. Pourquoi ne pas me rejoindre au laboratoire pour quelques expériences intéressantes ?

Imaginez que vous êtes assis avec 15 autres personnes dans une petite pièce. L'animateur demande à votre voisin de tapoter le rythme d'une chanson connue comme « *Joyeux Anniversaire* » sur la table. Vous devez retrouver l'air. Combien de chances pensez-vous avoir de deviner correctement la chanson ?

Vous venez juste de prendre part à une expérience conçue par Elizabeth Newton, de l'université de Stanford. Au cours de l'étude, Newton a répété le processus 120 fois. Seulement 4 chansons, soit 2,5%, ont été devinées correctement. Ce n'est pas beaucoup, n'est-ce pas ? Mais voici la chose intéressante : avant que les auditeurs tentent de deviner le titre de la chanson, elle demande au tapeur et aux auditeurs d'estimer leur taux de réussite. Alors que les auditeurs pensaient qu'ils obtiendraient 10% de bonnes réponses, les tapoteurs pensaient que les auditeurs devineraient un gros 50% de leurs chansons.

N'est-ce pas surprenant ? Le tapoteur moyen réussit à faire passer le message 1 fois sur 40, mais il pensait qu'il gagnerait 1 coup sur 2. Ils ont surestimé leurs capacités de communication d'un facteur 20. Alors, que s'est-il passé ? Est-ce que le tapotement fait de vous un piètre juge de vos capacités ? La réponse facile est oui. Le nom scientifique pour ce phénomène humain est : *la malédiction du savoir*. Voici comment cela fonctionne. Quand, un tapoteur, le créateur de l'idée, tape la chanson, il a l'air dans la tête. Il entend la mélodie de « Joyeux Anniversaire » dans sa tête tout en tapant la chanson. Mais les auditeurs n'entendent pas cette musique. La seule information qu'ils aient est un code Morse bizarre. Il est très difficile pour un tapoteur de juger de la qualité de ses tapotements car il ne peut se défaire de l'air qu'il a dans la tête quand il tapote. Le savoir l'a « maudit ».

Si nous transposons la malédiction du savoir dans le monde des affaires, il n'est pas difficile d'imaginer que lorsqu'un créateur d'idées, un PDG, un manager, un décideur ou un entrepreneur finit de communiquer et pense : « Je suis sûr que tout le monde comprend ma grande idée après tous mes efforts de communication », il n'a probablement atteint pas plus de 3% de sa population cible. *Houston, nous avons un problème.*

•••

Mais il y a davantage. Essayons une deuxième expérience. Cette fois, dessinez un « E » imaginaire sur votre front, avec votre doigt.

Le chercheur Adam Galinsky de l'université Northwestern et ses collègues ont divisé les participants en deux groupes. Ceux du premier groupe ont été apprêté à se sentir en position de force. Comment ? Ils devaient se rappeler et écrire un incident où ils avaient le pouvoir sur les autres. L'autre groupe a été invité à écrire un incident dans lequel quelqu'un d'autre avait le pouvoir sur eux. Ensuite, tous les participants ont dû dessiner la lettre « E » sur leurs fronts.

Maintenant, il y a deux façons de dessiner un « E » imaginaire sur votre front. Une façon est comme si vous lisiez la lettre à vous-mêmes, une barre solide sur votre gauche et les ouvertures sur la droite. L'autre façon est de dessiner le « E » comme si une autre personne lisait la lettre, avec une barre solide sur la droite et les ouvertures sur la gauche. Le premier choix produit un « E » à l'envers et illisible du point de vue du spectateur. Le deuxième conduit à un « E » qui est à l'envers pour vous.

Résultat ? Etonnamment, les participants en position de force étaient trois fois plus enclins à dessiner un « E » auto-orienté. Galinsky défend l'idée que le pouvoir nous rend aveugle.

Qu'est-ce que cela veut dire ? Cela veut dire que plus nous avons de pouvoir, plus il est difficile d'imaginer le monde avec la vision d'autrui. Nous dessinons la lettre à l'envers parce que nous sommes habitués à ce que les autres s'adaptent à notre point de vue. Cela veut aussi dire que l'effet de la malédiction du savoir est susceptible d'être renforcée lorsque la personne qui communique est le patron. *Houston, nous avons sans doute un gros problème.*

...

La science nous enseigne que les créateurs d'idées ne jugent pas bien la qualité de leur communication en raison de la malédiction du savoir. L'effet est triplé lorsque le créateur d'idée est, ou croit être, en position de force. Mais la nature humaine n'a pas seulement un impact sur le comportement du créateur de l'idée. Elle a également un impact sur le comportement de ceux qui la reçoive.

Sheena Iyengar de l'université Columbia et Mark Lepper de Stanford ont installé leur laboratoire sous la forme d'un stand de dégustation deux samedis différents au supermarché Draeger, une épicerie haut de gamme en Californie. Le premier samedi, ils avaient 24 échantillons de confiture sur la table et la semaine suivante seulement 6. Les clients pouvaient goûter autant d'échantillons qu'ils voulaient et ils recevaient un coupon de réduction d'1$ pour une confiture de leur choix.

Les premiers résultats étaient ceux escomptés. Au cours d'une période de 5 heures, 60% des personnes qui sont passées devant le stand de 24 confitures se sont arrêtés contre seulement 40% devant le stand de 6 confitures. Donc, plus de choix signifie un premier attrait plus grand. Mais quelle ne fut pas la surprise quand ils ont regardé les chiffres de vente. 30% des personnes qui se sont arrêtés au stand des 6 confitures ont utilisé le bon de réduction pour acheter de la confiture contre seulement 3% au stand des 24 confitures. Les personnes initialement exposées à un nombre limité d'options sont beaucoup plus enclines à acheter le produit que celles qui ont un plus grand choix.

Alors, que s'est-il passé ? La science appelle ce phénomène humain « *la paralysie de la décision* », un autre bandit sur le chemin de l'exécution. Là encore, ce n'est pas une action délibérée mais plutôt une expression innée du comportement humain, cette fois chez ceux qui reçoivent l'idée. Quand quelqu'un veut que nous fassions quelque chose (comme acheter de la confiture) mais nous présente trop d'options (24 parfums), nous sommes paralysés. Nous ne pouvons pas nous décider.

...

Par cette série de tests en laboratoire, je voulais vous démontrer que notre comportement instinctif complique les connexions H³. Elles sont beaucoup plus difficiles à mettre en place que nous pourrions le penser. Nous pensons avoir transmis notre idée mais en réalité, ce n'est pas le cas. Nous pensons que les autres vont adopter notre idée si nous leur donnons beaucoup d'options, mais en réalité, ce n'est pas le cas. Mais que se passerait-il si nous étions totalement responsables ? Notre idée rencontrerait-elle des difficultés si nous étions à la fois l'inventeur et l'exécuteur ? En étant le seul responsable, cela annulerait les problèmes de communication et nous pourrions choisir le nombre exact d'options avec lequel nous nous sentons à l'aise. Découvrons cela.

Pour beaucoup d'entre nous, une nouvelle année est un nouveau départ. Nous avons une longue liste de résolutions et nous sommes plein d'enthousiasme à les tenir. Et nous voilà partis. Nous nous inscrivons à la salle de gym, commençons un régime ou nous nous engageons à passer plus de temps avec les enfants. Je suis pareil. Chaque mois de janvier, je fais ma liste. Et le 1er janvier 2001, une idée a émergé de mes nouvelles résolutions. C'était une idée qui me rendit plus enthousiaste que toutes les autres idées réunies. J'allais écrire un livre.

Excité à l'idée de m'y mettre, j'ai rapidement trouvé un cadre avec mon collègue de chez Arthur D. Little : Torsten Schumacher. Le premier aperçu semblait prometteur, mais cela demandait pas mal d'effort de trouver le temps de réfléchir. Après une journée bien remplie, je n'arrivais pas à trouver l'énergie nécessaire pour écrire. Et il semble que je ne suis pas différent des autres face à l'échec. Une étude anglaise portant sur 3000 personnes a montré que 88% d'entre-elles ne tiennent pas leurs bonnes résolutions. Un bon 4/5ème ne poursuivent pas leurs propres plus grandes idées. Ils laissent tomber après quelques semaines.

Le phénomène humain qui nous pousse à tuer nos propres grandes idées s'appelle : *l'épuisement de la volonté*. C'est le troisième bandit sur le chemin de l'exécution. De nombreuses études scientifiques documentent ce comportement humain plutôt étrange. L'expérience « des cookies » de Baumeister est l'une des plus connues. Retournons au laboratoire une dernière fois avant de prendre la route.

Dans la première partie de l'expérience, l'équipe de Baumeister a mis 67 participants qui avaient faim, dans une pièce qui sentait les cookies au chocolat fraîchement sortis du four. Il les taquina davantage en leur montrant les gourmandises. La moitié du groupe était autorisée à céder et manger les cookies et le deuxième groupe était invité à manger des radis.

Puis, l'équipe de Baumeister a donné aux participants un second défi apparemment sans rapport. Ils devaient tracer une figure géométrique sans repasser sur une seule ligne ou lever leur crayon de la feuille. Après une courte phase de test, on leur dit qu'ils avaient autant de tentatives qu'ils le voulaient. Ils seraient jugés seulement sur le fait de pouvoir ou non finir de tracer la figure. S'ils voulaient arrêter avant le temps imparti, ils n'avaient qu'à faire sonner la cloche.

Sans que les participants ne puissent le savoir, ces figures géométriques étaient impossibles à tracer d'un seul trait. Les chercheurs voulaient tester l'effet de l'épuisement de la volonté. En d'autres termes, est-ce que le groupe qui avait mangé les cookies ferait plus d'efforts d'exécution que le groupe qui avait mangé les radis ? L'effet de la manipulation fut immédiat et indéniable.

En moyenne, les candidats du groupe cookies ont tenu 18 minutes, faisant 24 tentatives, pour résoudre l'énigme. Alors que le groupe radis a abandonné après 8 minutes, ayant fait seulement 19 tentatives. Comme ils avaient dû résister aux cookies et se forcer à manger des légumes, ils ne pouvaient plus faire appel à leur volonté pour s'engager pleinement dans une autre tâche tortueuse. Ils étaient déjà mentalement épuisés. Ils n'avaient plus assez de volonté. Le bandit avait gagné.

...

Quand notre nouvelle idée, qu'elle soit un projet, une stratégie d'entreprise, un business plan pour le lancement d'un nouveau produit, ou une mesure politique pour améliorer le système éducatif, entre en contact avec une dynamique humaine vieille d'un million d'années, comme la paralysie de la décision, l'épuisement de la volonté ou la malédiction du savoir, notre idée est en difficulté. Ces complexités humaines sont si puissantes qu'elles peuvent prendre le dessus sur nos propres pensées rationnelles et nous empêcher d'exécuter nos propres idées, comme cela arrive chaque nouvelle année pour 88% de la population.

Ces dynamiques humaines, les bandits de l'exécution, sont la raison pour laquelle la plupart des stratégies prennent le chemin le plus long pour atteindre la ligne d'arrivée. Si nous aspirons à obtenir un meilleur rendement de notre stratégie, alors nous devons apprendre comment ces comportements humains influent sur le parcours de l'idée et comment y faire face.

Les bandits de l'exécution que nous rencontrerons nous offrent un moyen de donner un sens aux dynamiques humaines complexes que chaque stratégie doit parcourir. Ils nous fournissent des directives pour que notre stratégie atteigne les têtes, les cœurs et les mains (*heads, hearts, and hands*) des autres. Penser aux comportements spécifiques des bandits déclenche des questions fondamentales sur l'impact du comportement humain sur la stratégie. Pourquoi ne pas répéter le message de la stratégie aide-t-il à créer une meilleure compréhension ? Pourquoi la croissance tue-t-elle à petit feu la stratégie ? Et pourquoi les dirigeants ont tendance à trop en faire avec le nombre de mesures ? Penser à des tactiques pour déjouer les bandits sur le chemin de l'exécution nous aide à répondre à des questions importantes sur la façon de réussir une connexion H³.

Comment déclenchons-nous les bonnes émotions avec le récit de notre stratégie ? Comment pouvons-nous choisir et introduire des habitudes qui facilitent le processus décisionnel ? Et comment pouvons-nous accroître l'engagement envers la stratégie ?

2.
La feuille de route optimale

Nous apprenons des parcours d'idées réussis, tels que la campagne des 100 000 vies et l'ambition zéro accident d'Alcoa, que tout commence par une triple connexion : notre stratégie doit se connecter aux têtes, aux cœurs, et aux mains de ceux qui sont investis, les voyageurs. Mais nous apprenons également de la science que ces connexions sont beaucoup plus difficiles à mettre en place que nous le pensons en raison de la complexité de la nature humaine.

Ce livre propose un ensemble cohérent d'expériences testées, une carte optimale pour naviguer à travers ces complexités humaines et établir des connexions H³ réussies. Les éléments de cette carte proviennent de 30 ans de recherches en comportements humains et stratégies, de centaines d'études scientifiques d'universités bien connues, notamment Harvard, Columbia et Stanford, et d'un ambitieux projet de 12 ans de recherches sur l'exécution qui a attiré l'attention des esprits de 23 500 dirigeants dans 29 secteurs industriels et 36 pays. J'ai commencé le projet en 2001 avec l'équipe de recherche de « the performance factory » après avoir quitté l'entreprise de conseils en stratégie Arthur D. Little.

Donc, il est juste de dire que je n'ai pas inventé la carte. Je suis juste le cartographe qui a travaillé avec une équipe de recherche fantastique pour rassembler toute cette sagesse. Mais je suis un cartographe avec une mission, un ambassadeur de l'exécution qui veut vous montrer les bénéfices d'une bonne exécution. Je suis convaincu que c'est là que la plupart d'entre nous peut faire la différence.

Pour être honnête, j'ai fait un long chemin avant d'y croire moi-même. En tant que stratège, j'étais convaincu qu'une bonne stratégie produirait de bons résultats. Mais la réalité ne reflétait pas ma croyance. Plus je voyais de grandes stratégies échouer (dont certaines que j'ai aidé à développer), plus je savais que quelque chose manquait dans la formule du succès.

Soyons clairs. Cela ne signifie pas que j'ai perdu mes convictions sur la stratégie. D'anciens collègues ont même plaisanté sur le fait que j'aurais rejoint le côté obscur de la force, que j'aurais changé de camp après mon départ d'Arthur D. Little. Au contraire, une bonne stratégie est le point de départ. Sans stratégie, il n'y a pas de course.

Mais ce qui nous amène sur la ligne de départ ne nous emmènera pas jusqu'à la ligne d'arrivée. Le long et sinueux chemin de l'exécution requiert l'attention du dirigeant. Pour réussir, un grand dirigeant se doit d'être un bon stratège et un héros de l'exécution. Ce message et le « comment faire » pratique sont détaillés dans mon premier livre, *Les héros de la stratégie*.

Mais les dirigeants ne font pas ce chemin de l'exécution seuls. Ce livre met l'accent sur le transfert initial, la connexion entre la grande idée des stratèges et les autres qui les rejoindront sur le chemin de l'exécution.

Il est bon de savoir que l'optimisation est disponible pour nous tous. Nous pouvons tous rendre les autres plus conscients de notre grande idée, faire qu'ils s'y intéressent et booster leur niveau d'énergie pour la faire avancer. Mais le chemin le plus court se mérite. Choisir les chemins secrets de l'exécution de la stratégie demande des efforts. Ne vous attendez pas à une longue promenade sur une autoroute à 5 voies, dans un cabriolet rouge, un mercredi après-midi, les cheveux au vent vous arrêtant pour une pause-café. Au lieu de ça, vous devriez vous attendre à une longue randonnée, transportant vos propres provisions, dans un pays lointain. Les panneaux indicateurs sont illisibles et vous êtes avec un groupe de compagnons de voyage qui ne sont pas sûrs de vouloir vous suivre. Mais ce qui pourrait ressembler au premier abord à un voyage impossible est juste une randonnée difficile à travers un pays que vous ne connaissez pas très bien. Vous pourriez même en venir à profiter du voyage.

En fin de compte, pour réussir en tant que stratège, nous avons besoin d'une compréhension approfondie de ce qui motive les gens. Et à cela s'ajoute les dynamiques du secteur industriel, les comportements des clients et le savoir-faire financier. Nous devons avoir une compréhension profonde de la façon dont les gens traitent l'information et prennent des décisions, ce qui fait qu'ils se sentent concernés par une idée et ce qui leur donne l'énergie d'agir. Et quand nous le faisons, les chemins secrets de l'exécution de la stratégie deviennent alors visibles.

A LA RECHERCHE DES chemins secrets de l'exécution, nous allons nous aventurer hors du laboratoire, dans le monde réel. Nous irons au Canada et découvrirons un modèle de décision crucial. Nous irons en Egypte et apprendrons l'importance du « non » dans la stratégie. Nous irons dans un monastère situé en haut de l'Himalaya indien pour comprendre l'importance de la concentration. Et nous rencontrerons des gens extraordinaires comme Stephen Denning qui a retracé l'avenir de la Banque Mondiale avec une seule histoire de stratégie. Nous rencontrerons également Ratan Tata qui a inspiré 600 ingénieurs pour concevoir la voiture la moins chère du monde et Billy Beane qui a transformé une équipe de baseball déchue en une machine à gagner. Nous rejoindrons une expédition du Pôle Sud pour apprendre le pouvoir de l'habitude, courir un marathon pour tester l'influence des mesures, et suivre un cours de combat pour expérimenter ce qui se passe si vous croyez vraiment en vos capacités.

L'intérêt de tout cela est de répondre à deux questions simples qui sont au cœur de ce que nous aimerions tous accomplir en tant que dirigeants, managers, décideurs et entrepreneurs. Pourquoi certaines grandes stratégies sont-elles exécutées et d'autres non ? Et que pouvons-nous faire pour accélérer et contrôler délibérément nos propres parcours stratégiques ?

PARTIE 1

HEAD

CHAPITRE 2

Faciliter les PETITS choix

Un vendredi, à 4 heures du matin, dans la banlieue d'une grande ville, Lisa se leva de son lit. Elle se réveille toujours très tôt. C'est devenu une routine avec le travail. Lisa travaille comme factrice pour la société postale nationale.

Au cours d'une journée ordinaire, elle dépose des centaines de lettres dans les immeubles et les commerces de la ville. Lisa adore son travail. Et elle est fière de travailler dans ce secteur qui a une longue histoire. Mais de plus en plus de gens utilisent les courriers électroniques et d'autres canaux de communication pour entrer en contact. Elle sait que cette activité, et donc son travail, est menacée.

Tandis que Lisa prenait son petit-déjeuner, ses pensées se perdirent dans la réunion de la semaine passée. Un cadre supérieur était venu au centre de tri pour parler de l'avenir de l'organisation. Lisa comprenait que son entreprise se débrouillait bien, mais qu'elle devrait mieux faire pour assurer son avenir. Plus précisément, elle comprit que l'efficacité devait être améliorée et passer de 6 à 5 secondes par courrier et la satisfaction client de 75 à 80%. « Je peux faire ça », s'était-t-elle dit après la réunion.

Ce vendredi, à son 46ème courrier déposé, une vieille dame ouvrit la porte et fit un signe à Lisa pour qu'elle vienne discuter.

« Meilleure satisfaction client », pensa Lisa, « mais je vais perdre en vitesse de livraison si je m'arrête. » Elle était paralysée. « Que devrais-je faire ? » Le choix semblait insignifiant comparé à toutes les autres choses que cette grande organisation devait faire pour réussir. Mais c'était sa responsabilité. Et elle voulait faire la chose la plus juste.

Maintenant, réfléchissez un moment. Quel conseil donneriez-vous à Lisa ? Elle vit 5 options : 1) Se concentrer sur l'efficacité, se dépêcher pour atteindre la prochaine boîte aux lettres et faire comme si elle n'avait pas vu la vieille dame ; 2) Se concentrer sur l'efficacité, mais faire un signe de la main à la vieille dame en gage de salutations tout en marchant vers la prochaine boîte aux lettres ; 3) Se concentrer sur l'efficacité, mais passer quelques minutes à discuter ; 4) Se concentrer sur la qualité et prendre tout le temps nécessaire ; 5) Se concentrer sur la qualité et essayer de vendre quelque chose à la vieille dame.

...

Vous avez sans doute compris que la bonne réponse n'est pas si simple. Lorsque vous vous concentrez sur la qualité, vous perdez en efficacité… et lorsque vous vous concentrez sur l'efficacité, vous perdez en qualité. En bref, le message stratégique donné par le cadre supérieur rend la décision de Lisa plutôt difficile. Difficile, non pas en raison du compromis efficacité-qualité, que l'on trouve dans toutes les bonnes stratégies, mais à cause de l'information manquante à propos de la priorité. De nombreux employés font face au même défi que Lisa au quotidien. Comment puis-je équilibrer deux éléments stratégiques contradictoires tout en prenant quand même la bonne décision ?

1.
La stratégie : un modèle de choix

Le professeur Henry Mintzberg est un universitaire de renommée internationale. Il a écrit plus de 150 articles et 15 livres sur les affaires et la gestion. Une des idées de Mintzberg : « La stratégie est un modèle dans un flux de décisions », nous aide à mieux comprendre comment les décisions se rapportent à la stratégie. Il y a longtemps, j'ai appris cette phrase par cœur, mais il m'a fallu 5 ans pour en saisir vraiment toute sa pertinence. L'astuce que j'utilise pour comprendre la déclaration cryptique de Mintzberg est d'approcher les décisions en 2 étapes. D'abord, il y a la décision globale : le grand choix, qui guide toutes les autres décisions. Pour faire un grand choix, nous devons décider sur qui nous nous concentrons : notre segment client cible, et nous devons décider comment nous offrons une valeur unique aux individus de notre segment choisi. Ce sont des choses basiques de la stratégie. Mais en le formulant de cette façon, cela nous aide à mieux comprendre la deuxième partie, les décisions au jour le jour, les petits choix, qui nous rapprochent de la ligne d'arrivée. Quand ces petits choix sont en ligne avec le grand choix, vous obtenez un Modèle de Mintzberg.

Le Modèle de Mintzberg est crucial pour comprendre les parcours stratégiques réussis. Quand nous pensons et parlons de parcours stratégiques, nous pensons et nous parlons des gens et des décisions qu'ils prennent. Les parcours stratégiques qui réussissent suivent un Modèle de Mintzberg, des petits choix qui sont en ligne avec le grand choix, comme des wagons qui suivent la locomotive jusqu'à sa destination.

À première vue, du point de vue d'un stratège, la grande décision semble être la plus difficile. Mais ce n'est pas tout à fait correct. Oui, définir une stratégie est difficile, mais le pouvoir des petites décisions, les choix quotidiens de tous les employés sur le chemin de l'exécution, ne peuvent être sous-estimés. Si Lisa prend la mauvaise décision, l'impact global sur la société est très limité *(et certainement moins percutant que de faire le mauvais choix de stratégie)*. Mais si 10 000 collègues font des erreurs de jugement sur la qualité et le coût au quotidien, alors ces petites décisions ne sont plus si petites que cela. Pensez à Alcoa et à son souci constant de sécurité. Si une personne ne porte pas de casque (un petit choix), l'impact sur la sécurité est limité. Il est peu probable que quelque chose arrive à cette personne ce jour-là. Mais si tout le monde chez

Alcoa décide de ne porter de casques qu'occasionnellement, le risque d'accident augmente de manière exponentielle. Les petites décisions ont une grande influence sur le taux de réussite des parcours stratégiques, non pas en raison de leur taille ou de leur importance individuelle, mais en raison de leur *très grand nombre et de leur force exponentielle*.

La plupart d'entre nous ne prête pas attention à ces petites décisions. Et c'est principalement parce que nous trouvons difficile de saisir l'effet exponentiel des mauvais petits choix. (*Jusqu'où cela peut-il empirer si seulement quelques autres personnes ne portent pas de casque ?*)

Prenons l'exemple du défi lancé à la lycéenne Britney Gallivan de Pomona en Californie. Si tu plies une feuille de papier en deux cinquante fois, quelle sera l'épaisseur du résultat final ? La plupart d'entre nous imagine que le résultat final ressemblerait à une pile d'une épaisseur d'annuaire téléphonique. Nous visualisons 50 feuilles de papier superposées les unes sur les autres. Mais la réponse pourrait bien vous surprendre. Gallivan décida de faire le test. Elle savait qu'elle avait besoin d'une très grande feuille de papier. Après quelques recherches, elle trouva un rouleau de papier toilette d'un peu plus d'1 kilomètre. Avec ses parents, elle déroula le papier jumbo, marqua un point à la moitié, puis le plia une fois. Cela pris du temps parce que la distance jusqu'au bout du rouleau est longue. Puis, elle plia le papier une seconde fois, puis encore et encore. Après 7 heures, elle plia le papier pour la 11ème fois et obtint un bloc très fin d'environ 80cm de large et 40cm de haut et posa pour les photos. Finalement, elle réussit à plier le papier 12 fois. Si elle avait pu la plier 17 fois, le bloc final aurait une taille plus élevée que votre maison. 3 plis supplémentaires et cette feuille de papier atteindrait le quart de la hauteur de la Burj Khalifa, la plus grande tour du monde. 10 plis de plus et elle aurait traversé les limites extérieures de l'atmosphère. Encore 20 et elle serait à plus de 96 millions de kilomètres de haut, environ deux tiers de la distance jusqu'au soleil.

« Le monde est devenu merveilleux quand j'ai réussi à faire le douzième pli. » Écrit Gallivan pour rendre compte de son expérience. Elle expliqua également la force exponentielle phénoménale de petites actions répétitives, connue sous le nom d'« expansion géométrique ». Ceci est une leçon importante pour nous. En prenant en compte le très grand nombre et la force exponentielle, les petites décisions deviennent PETITES. Et les stratèges qui réussissent ont de PETITES décisions sur leur radar.

...

Si la stratégie est un modèle de décision, l'exécution de la stratégie permet aux gens de créer un modèle de décision. En d'autres termes, l'exécution de la stratégie aide les gens à faire de petits choix en ligne avec un grand choix. Cette notion nécessite un grand changement dans la manière dont nous pensons à l'exécution. En tant que stratège regardant l'exécution de la stratégie, nous devrions imaginer un arbre de décision plutôt qu'un plan d'action. Les modèles de décisions sont au cœur des parcours stratégiques réussis, non les listes de tâches.

Pour améliorer la vitesse et la précision de l'exécution, nous devrions déployer notre énergie à aider les gens à prendre de meilleures décisions plutôt que de leur demander d'élaborer des plans d'action.

2.
Le surprenant « NON » de Michael Porter

Égypte, 2010, juste avant le printemps arabe. Il y avait environ 600 personnes, une foule très diverse composée de cadres, d'entrepreneurs, de professeurs, de responsables d'organisations caritative et de décideurs politiques, dans la salle de bal du Grand Hyatt Hôtel au Caire. Il faisait inhabituellement chaud pour un jour d'octobre. Les délégués étaient excités, bavardant bruyamment. Puis le Président Adham Abdel-Salam présenta le premier orateur du jour. Michael Porter, professeur à Harvard, monta sur la scène de la conférence sur Les Stratégies de Nouvelle Génération. Il parla avec véhémence de stratégie, citant des cas d'IKEA et Paccar. Il expliqua également le volet économique de la stratégie et parla de la valeur partagée, la prochaine révélation dans le monde de la stratégie. Mais ma partie préférée était encore à venir. Regardant attentivement depuis ma position de première ligne, je me demandais quand il parlerait de l'importance du « *non* ».

L'une des leçons les plus précieuses que j'ai tirées de mes discussions avec Michael Porter est l'importance du « *non* » dans la stratégie. « L'essence de la stratégie est de choisir ce qu'il ne faut pas faire », aime-t-il dire. Regardons de plus près. Au début de chaque parcours stratégique, les entreprises choisissent leur offre client. Au fil du temps, elles ont tendance à ajouter de nouvelles fonctionnalités et de nouveaux services à leur portefeuille initial, essayant d'élargir leur clientèle et de puiser dans de nouveaux groupes de bénéfices. Difficile de résister à l'élargissement du périmètre. Nous connaissons tous les arguments : nos actionnaires exigent une croissance du chiffre d'affaires, nos clients le veulent, le coût marginal de l'ajout d'une fonctionnalité produit est minime, nos concurrents font de même.

Mais l'élargissement du périmètre, bien que compréhensible, reste dangereux. *En diluant les arbitrages sous-jacents de la stratégie*, en ajoutant de l'eau au vin, nous perdons notre choix initial : notre stratégie. La dilution peut se produire du côté du *pourquoi* du choix. « Alors que nous nous concentrons sur les petites entreprises, cette grande entreprise est si intéressante. Offrons-lui nos services et regardons où cela nous mène » est un exemple de réflexion typique. Et du côté du *comment*, cela ressemble souvent à « Allez, offrons un peu plus de service que prévu, tout comme notre principal concurrent. » Mais, en essayant d'être tout pour tout le monde, les entreprises diluent leur stratégie. Et très vite, il n'y a plus de stratégie. À la fin d'un exercice de stratégie, le stratège a sélectionné un segment de clientèle cœur et identifié les activités distinctes pour offrir une valeur unique *(le « oui »)*. Ce choix comporte toute une liste de choses que l'entreprise ne va pas faire : des clients qui ne correspondent pas au segment choisi, des activités que l'entreprise ne fera pas *(le « non »)*. Les stratèges qui réussissent comprennent ces non et les rendent très explicites. Leur instrument ? *La Liste des Non*. Chaque stratégie devrait se positionner sur le parcours de l'exécution avec une liste claire de Non. Cette liste fournit une réponse aux questions comme : Quels sont les clients que nous n'allons pas satisfaire ? Quel service n'allons-nous pas rendre ? Quelle fonctionnalité produit n'allons-nous pas ajouter ? Quelles dépenses internes ne feront-nous pas ?

Une liste de Non est un élément essentiel du parcours stratégique d'une entreprise. C'est une chose qu'il faut promouvoir, qu'il faut mettre en vitrine, et non quelque chose dont il faut s'excuser ou se cacher. « Je suis aussi fier de ce que nous ne faisons pas que de ce que nous faisons », a déclaré Steve Jobs. Si vous trouvez que la promotion des Non est difficile, pensez à ce qui suit : certains aiment l'eau, d'autres aiment le vin, et quelques-uns aiment boire un mélange des deux. Nous ne pouvons pas être tout pour tout le monde. Si nous essayons, nous n'arriverons nulle part dans notre parcours. Les stratèges qui réussissent font un choix, qui et comment, et décident de s'en tenir à ce choix. Ils se battent contre la dilution du choix. Les stratèges qui réussissent font et défendent fièrement une liste de Non.

Un « non » clair au niveau de la stratégie réduit également la liste d'options pour les petits choix *(et améliore donc la prise de décision)*. Prenons un exemple facile. Vous rappelez-vous l'expérience de la confiture ? Nous avons appris qu'un choix entre 24 options, c'est trop. Cela paralyse l'acheteur. Quand vous arrivez au stand des 24 pots de confiture et que je veux que vous achetiez quelque chose, je dois réduire le nombre d'options. Pour faciliter votre expérience d'achat, je pourrais vous dire que vous ne devriez pas acheter de la confiture de fruits rouges comme fraises, cerises ou framboises. *(Non = nous n'achetons jamais de confiture rouges)*. Je pourrais aussi ajouter que vous ne devriez pas acheter la plus chère ou la moins chère. *(Non = nous n'achetons jamais le produit ou le service le moins cher ou le plus cher)*. Je ne serai pas en mesure d'éliminer toutes vos options, mais les deux non auront probablement ramené le nombre d'options dans une fourchette qui contourne la paralysie de la décision. Et cela est bien l'un des bandits que nous voulons déjouer.

Voyons si nous pouvons réduire les options de Lisa. Pour ce faire, nous devons trouver quelques non au niveau de la stratégie. Imaginez que nous discutions avec son PDG. Elle nous dit : « Afin de faire évoluer notre entreprise au niveau supérieur, nous devons renforcer l'attention que nous portons à nos clients. Nous ne pouvons pas accepter le comportement d'un employé qui aille à l'encontre de nos clients. Nous existons grâce à nos clients donc nous devons les traiter comme tel. *(Non = nous n'oublions jamais que le client passe en premier.)* Cela ne veut pas dire que nous devons tous vendre. Nos facteurs, par exemple, ne devraient pas. Cela rendrait notre chaîne d'approvisionnement trop complexe. *(Non = nous ne rendons pas notre chaîne d'approvisionnement complexe).* Mais ils doivent être orientés client. Voilà ce qu'est le Service. Et un sourire ne demande ni argent, ni temps, ni processus complexes. C'est une attitude. « Si nous traduisons cela dans le contexte de Lisa, nous pourrions lui dire que « Les clients ne devraient jamais être ignorés » et « Vendre ne fait pas partie de ton travail ». Sachant cela, Lisa peut éliminer la première et la dernière option. Il n'en reste plus que 3.

···

Mintzberg nous enseigne que les décisions sont au cœur des parcours stratégiques réussis. Porter nous enseigne qu'un « non » clair nous aide à faciliter la prise de décision. La liste des Non améliore les choix quotidiens en réduisant le nombre d'options. Elle nous aide à combattre le bandit de la paralysie de la décision présent sur le chemin de l'exécution. Mais il reste des choix à faire. S'il est vrai que la liste des non est cruciale pour affiner le grand choix et éliminer certaines options, elle n'élimine pas toutes les options. Nous savons que nous ne voulons pas de confiture de fraises, mais cela nous laisse avec un tas d'autres confitures parmi lesquelles choisir. Nous pouvons dire à Lisa que les options 1 et 5 sont clairement hors périmètre, mais cela lui laisse toujours 3 options parmi lesquelles choisir. Notre prochain défi : comment pouvons-nous aider les autres à faire le bon choix parmi les options restantes ?

3.
Décision de premiers secours

« Aucun plan de bataille ne survit au contact de l'ennemi » est une devise de l'armée bien connue. Vous pouvez définir une suite brillante de coups contre l'ennemi, mais si cet ennemi décide d'attaquer d'une manière différente, votre plan devient inutile. Pour surmonter ce problème, l'armée a inventé « l'intention du commandant », un ensemble d'instructions spécifiques qui cerne le cœur de la stratégie de combat. Elle guide les soldats sur le champ de bataille lorsqu'ils sont contraints d'improviser contre un coup imprévu de l'ennemi. L'intention du commandant fournit aux soldats le message essentiel leur permettant de prendre des décisions d'exécution autonomes en accord avec le but général de la mission.

« Aucune stratégie ne survit au contact de la réalité quotidienne » devrait être notre devise. Tout comme les généraux ne peuvent prévoir les mouvements ennemis sur le champ de bataille, les stratèges ne peuvent prévoir les dangers sur le chemin de l'exécution. Et tout comme l'armée aide les soldats à prendre indépendamment les bonnes décisions pour combattre l'ennemi avec l'intention du commandant, les stratèges doivent faire la même chose avec les voyageurs qui font face à des défis d'exécution imprévus. Quand les voyageurs font face à une multiplicité d'options qui ne peuvent être éliminées par la Liste des non de l'entreprise, il est important que nous les aidions. Nous ne pouvons attendre du propriétaire de l'entreprise, du décideur politique, du PDG, ou du manager qu'ils prennent toutes les décisions en utilisant une hotline décisionnelle (même si j'en connais quelques-uns qui seraient tentés d'essayer). Ce n'est pas réaliste. C'est notre travail, tout comme les généraux de l'armée, de permettre aux gens de prendre de bonnes décisions d'exécution par eux-mêmes.

Revenons au stand des 24 confitures. Je vous ai donné 2 non clairs. *(Pas de confitures rouges et pas la plus chère ou la moins chère)*. Voyons si je peux faciliter davantage votre processus décisionnel, sans savoir ce que vous trouverez en magasin. Je pourrais faciliter votre expérience d'achat avec les informations suivantes : « Dans le doute, choisissez la confiture avec le pourcentage de sucre le plus bas » et « S'il reste encore trop d'options, choisissez celle que le vendeur indique comme la plus populaire. »

Ce que je viens de faire c'est de vous donner une information de priorisation. Ces lignes directrices décisionnelles ne peuvent être trop vagues. Une information vague en voyage ressemble à « Voyagez en toute sécurité » *(Prenez une confiture qui a bon goût)*, ou « Allez vers le nord » *(Prenez une confiture qui n'est pas trop chère)*. Mais quand vous rencontrez inopinément une rivière sauvage en vous dirigeant vers le nord, que faites-vous ? *(La confiture qui a le meilleur goût est assez chère…)*. Est-ce que vous continuez à vous diriger vers le nord, traversez quand même et risquez d'être emporté ? Ou est-ce que vous préférez voyager en toute sécurité et prendre une déviation, mais en prenant le risque de perdre un temps précieux ? Être clair et précis est une leçon très importante. Souvent, nos conseils d'aide à la décision sont vagues et ressemblent à « Sois orienté client » ou « Concentre-toi sur les coûts ». Nous les mettons en avant comme aide à la décision, mais cela échoue car ils ne permettent pas de classer les options sur le chemin de l'exécution. Les stratèges qui réussissent fournissent aux voyageurs des informations claires et précises sur les priorités, et non une boussole généralisée. Cela aide les voyageurs à prendre des décisions en autonomie conformément à la stratégie.

•••

Lorsque les concessions régionales du Rede Ferroviária Federal, le réseau ferroviaire national brésilien, ont été vendues aux enchères dans les années 90, une société d'investissement privé du nom de GP Investimentos Limited a fait une offre pour la ligne sud qui dessert Parana, Santa Catarina et Rio Grande do Sul. Elle a gagné et payé 217 millions de reals brésiliens (environ 195 millions de dollars américains à l'époque) pour le renouvellement de la concession sur 30 ans. Alexandre Behring, seulement âgée d'une trentaine d'années, à l'époque, fut nommé PDG.

La route de Behring vers le succès était décourageante. Alors que l'économie du Brésil était en plein essor avec une croissance annuelle du PIB de 8%, la branche ferroviaire qu'il dirigeait était dans un état effroyable. Ils perdaient 80 millions de reals brésiliens par an, leur flux de trésorerie était négatif en dehors de la saison des récoltes et ils avaient besoin de centaines de millions d'investissements pour maintenir et moderniser les actifs physiques nécessaires (un audit révéla que 50% des ponts avaient besoin d'être réparés, dont 20% près de l'effondrement). Mais ils n'avaient que 30 millions en liquidités d'après le bilan. Pour couronner le tout, la ligne du sud avait des données d'accidents extrêmement mauvaises et la technologie était en retard de quelques décennies.

Mais heureusement, il y avait quelques lueurs d'espoir également. Après une analyse approfondie, Behring repéra qu'il y avait une demande inexploitée pour le transport de marchandises par chemin de fer. À l'époque, la part de marché du transport ferroviaire était très basse comparée à celle du transport routier. Des opportunités existaient. Pour réussir, il fallait qu'ils trouvent un moyen de grignoter des parts de marché aux sociétés de transport routier. Behring savait aussi qu'un chemin de fer bien géré est un monopole naturel avec des avantages de coûts évidents par rapport au transport routier. (*Ils pourraient rivaliser en terme de coûts*). Mais il y avait encore du chemin à parcourir. Pour réussir, ils devaient restructurer la base de coûts de la société et renforcer les moyens managériaux.

Avec des fonds limités en banque, Behring n'avait pas beaucoup de marges de manœuvre. L'exécution devait être parfaite. Pour aider les employés à prendre les bonnes décisions sur le terrain, Behring et son directeur financier Duilo Calciolari ont élaboré 5 règles claires de priorisation :

Règle 1. *Se concentrer en priorité sur l'augmentation des recettes avec les clients existants.* Ils croyaient pouvoir doubler les ventes avec ces clients en 3 ou 4 ans *(et cela serait plus facile que de trouver de nouveaux clients).*

Règle 2.   *Se concentrer d'abord sur les clients existants les plus prometteurs.* Pour aider le vendeur à répondre à la question « Devrais-je essayer de vendre à ce client d'abord ? », ils ont développé un système de classement. Ils ont estimé le bénéfice potentiel d'un client lors du transport de toutes les marchandises par train par rapport au camionnage. Celles avec le potentiel le plus important étaient placées au sommet.

Règle 3.   *Le meilleur choix est l'option qui nécessite le moins d'avance d'argent,* même si le choix était plus coûteux à long terme ou n'était pas la solution la plus élégante.

Règle 4.   *Le meilleur choix est l'option qui résout le problème le plus rapidement possible,* même si d'autres solutions s'avéraient meilleures sur le long terme.

Règle 5 :   *Le meilleur choix est l'option qui réutilise les ressources existantes,* par rapport à l'achat de nouvelles.

Ces règles de priorisation pratiques et pragmatiques ont aidé les employés à prendre les bonnes décisions sur le terrain. Par exemple, lorsque les concurrents négociaient de nouvelles locomotives pour répondre à la demande croissante, leurs ingénieurs travaillaient en 24/7 à réparer les anciennes *(Règle 3 : le moins d'avance d'argent ; Règle 4 : résoudre le problème le plus rapidement).*

Leurs ingénieurs ont également trouvé une solution créative au problème des voies ferrées endommagées. Plutôt que d'acheter de nouveaux rails au prix de 400 dollars la tonne, ils ont récupéré ceux des routes fermées et les ont installés sur les rails actifs *(Règle 5 : réutiliser les ressources existantes.)*

Les mises au point stratégique et d'exécution ont portés leurs fruits.

Le résultat final était impressionnant. Ils ont transformé une perte nette de 80 millions en un bénéfice net de 24 millions en 2000. En 2003, après 6 années de dur labeur et de stricte priorisation, ils ont doublé le rendement de 11 millions à 22 millions de tonnes, augmenté l'utilisation des voitures de 67% et réduit la consommation de diesel de 40%. Et la société fut classée parmi les 100 meilleures entreprises où travailler au Brésil.

Il y a beaucoup de fourches sur le chemin de l'exécution. C'est facile pour les voyageurs de se perdre. Behring fournit à ses employés des informations claires sur les priorités afin d'aligner leurs petits choix avec le grand choix. En offrant une aide à la décision, il a pu créer un Modèle de Mintzberg. Behring a guidé ses voyageurs jusqu'à la ligne d'arrivée.

• • •

Vous vous rappelez de Berwick et O'Neill ? Ils offraient également tous les deux des conseils clairs sur la priorisation. Chez Alcoa, la sécurité passe toujours en premier. Si vous devez choisir parmi deux options chez Alcoa, celle qui aura le plus d'impact positif sur la sécurité l'emportera. Si vous travaillez pour un des hôpitaux inscrits dans la campagne des 100 000 vies, vous avez un scénario clair avec 6 points sur lesquels vous concentrer. Vous avez un index décisionnel clair pour vous aider à prendre les bonnes décisions pour sauver des vies.

Voyons si nous pouvons faciliter davantage le processus décisionnel de Lisa. Imaginez que nous parlions à nouveau au PDG de la factrice. Elle dit : « Pour survivre dans notre secteur, nous devons puiser dans de nouvelles sources de bénéfices. Cela exige une nouvelle attitude envers les clients. Mais si nous ne maîtrisons pas nos coûts, nous ne ferons pas du tout partis du jeu. Nous avons donc besoin d'encore plus d'efficacité. »

En lisant entre les lignes, il est sans risque de dire que l'efficacité passe avant tout. Sans gains d'efficacité, il n'y a plus d'argent à investir. D'ici, c'est une petite étape pour formuler des informations de priorisation pour Lisa. Nous pourrions dire : « En cas de doute, concentrez-vous d'abord sur l'efficacité. » Mais soyons plus ambitieux. Essayons de présenter l'aide décisionnel dans un contexte que Lisa connaît mieux … son travail. Pour ce faire, nous devrions examiner de plus près ce que signifie l'efficacité pour un facteur. Nous avons appris que chaque facteur dispose d'un temps spécifique pour déposer chaque courrier, 5 secondes dans le cas de Lisa. Et une heure limite tous les jours, pour finir la tournée dans les temps. Sachant cela, nous pourrions formuler l'information de priorisation comme suit : « En cas de doute, assurez-vous de terminer votre ronde quotidienne à temps. » *(L'efficacité avant tout dans le contexte du travail de Lisa.)* Si Lisa peut augmenter la satisfaction client dans ces limites, c'est encore mieux. Alors pourquoi ne pas dire : « Soyez amical avec vos clients - souriez, dites bonjour, discutez - mais gardez un œil sur votre montre. Assurez-vous de finir votre tour à temps. » *(Soyez amical, communiquez avec vos clients, mais ne prenez pas de café avec chaque personne que vous croisez. Vos clients pourraient vous aimer, mais notre entreprise ferait faillite).*

À l'instar des généraux de l'armée, les stratèges qui réussissent fournissent aux voyageurs des informations sur les priorités, une intention décisionnelle, dans un contexte qui correspond à leur travail. Nous indiquons les bonnes décisions, sans savoir exactement quels embranchements les voyageurs rencontreront pendant leur voyage.

• • •

Nous savons maintenant que les choix quotidiens, comme dans le dilemme des courriers de Lisa, sont une expression de la stratégie de l'entreprise : le grand choix. Nous savons également que les parcours stratégiques réussis sont reconnaissables à leur modèle de décision, des petits choix en ligne avec le grand choix. Les premiers pourraient ne ressembler à rien comparé au second, n'avoir aucune valeur pour le temps du stratège, mais nous pensons au défi du pliage de papier de Britney Gallivan, cela éclaire les petites décisions d'un autre jour. Pour emprunter les chemins secrets de l'exécution de la stratégie, nous devons permettre aux voyageurs de prendre des décisions quotidiennes qui respectent le Modèle de Mintzberg. Jusqu'ici, nous avons trouvé

2 tactiques pour faciliter les PETITS choix : 1) limiter les options avec une liste de non et 2) fournir des lignes directrices de priorisation, une intention décisionnelle, pour les options restantes. Pour apprendre la troisième tactique, partons en voyage dans un bar d'hôtel au Chili.

CHAPITRE 3

Rendre le grand choix clairement visible

« S'il y a 150 personnes qui soutiennent votre idée, vous avez atteint le point de bascule. Ensuite, l'idée se propagera comme un virus », m'a dit un cadre supérieur pendant que nous prenions un verre dans le bar d'un hôtel à Santiago, au Chili. « Vous devriez vraiment vous y plonger. C'est un concept génial. »

Jan était la cinquième personne à m'avoir parlé avec enthousiasme du point de bascule. Les quatre autres : un étudiant indien en MBA vivant au Royaume-Uni, un Vice-Président allemand qui était assis à côté de moi dans l'avion, un PDG finlandais qui adore lire des livres d'affaires, et un journaliste d'un magazine très respecté, ont tous dit la même chose : « Obtenez 150 personnes qui soutiennent votre idée et elle se propagera comme un virus. »

Plutôt cool comme idée, non ? Vous parvenez à avoir 150 personnes qui adhèrent à votre idée et ensuite cela fait boule de neige jusqu'à la ligne d'arrivée. C'est simple. Intéressé, j'ai demandé à mon partenaire de discussion s'il avait déjà expérimenté cette idée virale. « Non », me répondit-il, « Un collègue m'a suggéré de tenter le coup. Apparemment, le concept vient d'un livre écrit par un canadien du nom de Malcom Gladwell. Mais je vais tenter le coup quand je lancerai mon prochain projet. Et vous devriez en faire de même. »

Quand nous avons quitté le bar, je lui ai dit qu'il était la cinquième personne à m'avoir donné le même conseil. J'ai plaisanté en disant qu'il y avait peut-être une sorte de conspiration entre eux pour me faire passer ce message crucial. Il rit, me rassurant qu'il n'avait jamais rencontré les 4 autres dans sa vie.

Pendant mon vol de retour, je ne cessais de me remémorer la conversation dans ma tête. Plus que tout, j'étais surpris. J'avais lu le best-seller de Gladwell *Le Point de Bascule* quelques années auparavant, mais je ne me souvenais pas de cette idée des 150. Je me souvenais des « Experts » et, par-dessus tout, de l'importance de l'adhésion au message, un sujet qui me passionnait beaucoup. Mais les 150 ne m'évoquaient rien. J'ai décidé de relire le livre. Je voulais en savoir plus sur cette idée pour laquelle 5 personnes ne tarissaient pas d'éloges, alors que je l'avais complètement oubliée.

De retour à la maison, quelques jours plus tard, je terminais le livre pour la seconde fois. Et j'étais encore plus confus. Sur la quatrième de couverture, Gladwell définit « le point de bascule » comme « ce moment magique où une idée, une tendance ou un comportement social franchit un seuil, bascule et se répand comme une traînée de poudre. » Gladwell parle bien de la règle des 150, mais le message n'est pas directement lié au titre du livre. Plus précisément, Gladwell dit : « La règle des 150 suggère que la taille d'un groupe est un autre de ces subtils facteurs contextuels qui peuvent faire une grande différence. » Il fait référence à plusieurs études qui soulignent que les groupes supérieurs à 150 perdent leur lien social. L'essentiel du message : conserver la taille de votre groupe en-dessous de 150.

Alors comment se pouvait-il que 5 personnes intelligentes vivant sur 3 continents différents puissent parler du même message incorrect ? Un message dont ils se soucient tellement qu'ils le transmettent aux autres ? Et pourquoi ne parlaient-ils pas des 2 choses dont je me souvenais : les Experts et l'adhésion ?

Ces 3 questions m'intriguèrent pendant des semaines. J'essayais de trouver une solution. Peut-être qu'ils se connaissaient après tout et qu'ils en avaient discuté ensemble ? Non, me rappelais-je, nous ne sommes pas dans un film de James Bond, c'est la vraie vie. Peut-être qu'ils avaient tous entendu un discours de la même personne qui n'avait pas bien compris l'idée ? Peu probable. La plupart des gens ne vont pas d'un continent à l'autre pour écouter des discours et ça serait une coïncidence. Alors peut-être que je n'avais pas compris le propos du livre ? Peut-être. Alors j'ai relu le livre encore une fois, en portant une attention particulière à l'idée des 150. Mais à présent, j'étais convaincu que les deux éléments clés du message : la règle des 150 et le point de bascule n'étaient pas liés l'un à l'autre comme ces 5 personnes l'avaient décrit. La règle des 150 est un facteur limitant, plus qu'un accélérateur. Si nous voulons que des groupes servent d'incubateurs pour une idée, nous devons conserver la taille du groupe en-dessous de 150. Pour valider cela, j'ai passé le web au peigne fin et heureusement j'ai découvert que la plupart des sites web offraient une explication conforme à ma propre compréhension. Je ne devenais pas fou. Mais, aussi drôle que cela puisse paraître, à peu près 1 personne sur 20 reliait le point de bascule à la règle des 150, tout comme les 5 personnes à qui j'avais parlé. Malgré mes efforts, je ne parvenais pas à résoudre le mystère. Ce, jusqu'à ce que Sherlock Holmes croise mon chemin...

1.
Le point de bascule

Sir Arthur Conan-Doyle écrit sa première histoire de Sherlock Holmes en 1886. Le personnage de fiction s'inspire d'un homme ayant réellement existé, le Dr Joseph Bell, un médecin légiste renommé de l'université d'Edimbourg. Conan-Doyle a écrit 60 aventures au total. La collection est connue sous le nom « Le Canon ». Toutes les histoires, hormis quatre sont racontées par le fidèle acolyte d'Holmes, le Dr Watson. Ensemble, ils résolvent les mystères les plus incroyables. Maintenant, réfléchissez un instant. Quelle est l'expression la plus célèbre de Sherlock Holmes que vous connaissez ?

Vous avez très probablement répondu : « Élémentaire, mon cher

Watson. » Maintenant voici la partie intéressante. Le personnage de Sherlock Holmes n'utilise en réalité jamais précisément cette phrase. Vous ne la trouverez dans aucun des livres de Conan Doyle. Holmes dit effectivement « Watson », tout le temps. Il était son fidèle compagnon après tout. Il utilise également le mot « élémentaire » à plusieurs reprises, comme moyen de montrer à quel point il est intelligent. (Ils se heurtent aux situations les plus complexes. Holmes souligne la solution et déclare : « c'est élémentaire », comme si la solution était la chose la plus évidente au monde.) Et d'une manière ou d'une autre, les deux mots ont fini par être accolés. Pourquoi ? Parce qu'ils vont bien ensemble. Nous pouvons facilement imaginer Sherlock Holmes dire « Élémentaire, mon cher Watson », en montrant sa capacité exceptionnelle et sa supériorité intellectuelle envers son ami Watson. C'est une caractéristique d'un phénomène de communication que la science appelle la distorsion du message, un autre bandit sur le chemin de l'exécution. Cela explique une partie de mon mystère. Les deux sujets, le point de bascule et la règle des 150 sont présents dans le livre de Gladwell. Le premier est le concept principal et le titre du livre. Le second fait partie des conditions pour atteindre le point de bascule. Donc, ils sont étroitement liés, mais pas connectés ensemble, tout comme « élémentaire » et « mon cher Watson ». Pour l'auditeur occasionnel qui entend : « Vous devez obtenir 150 personnes qui soutiennent votre idée pour atteindre le point de bascule » cela semble être parfaitement plausible et ne fait donc pas l'objet de plus de considération. (Qu'avez-vous pensé en lisant cette idée au début de ce chapitre ?) Et ainsi le point de bascule et la règle des 150 se sont entremêlés.

Pour résoudre le reste du casse-tête, étudions un deuxième problème de transmission. Il semble que plus les messages sont transmis, plus ils sont courts. Et ce processus de modification est bien plus dramatique que la plupart d'entre nous ne le réalise. Gordon Allport et Joseph Postman ont fait des recherches sur le raccourcissement des messages. Et leurs résultats sont stupéfiants.

Un message perd 70% de ses informations après 5 ou 6 transmissions de bouche à oreille. Examinons ceci de plus près. Gladwell propose

3 tactiques pour atteindre le point de bascule et créer une épidémie de bouche à oreille : 1) Nous devrions concentrer nos ressources sur quelques groupes clés : Les Connecteurs, les Experts, et les Vendeurs ; 2) Nous devrions créer du lien avec notre message et ; 3) nous devrions structurer l'environnement à notre avantage. Pour appuyer ce troisième point, Gladwell parle de la dynamique des 150. Il soutient que si vous pouvez lancer votre idée dans un petit groupe où tout le monde se connaît, votre idée se répandra plus vite. (Pensez simplement aux commérages dans les petits villages par rapport aux voisins de palier dans les grandes villes qui ne se parlent jamais.) De tous les conseils qu'il propose, la règle des 150 est la plus attrayante à utiliser en communication. Pourquoi ? Parce qu'il est facile de voir le point de bascule comme une graduation. Vous tournez le volume à plus de 150 et ça bascule. Et avoir 150 personnes derrière notre grande idée est quelque chose que nous pouvons tous réaliser. Ce n'est pas tant de personnes que ça. Et cela rend le message très attrayant à partager. (Partager une astuce inconnue et facile rend le narrateur populaire).

2.
Graffiti stratégique

Les gens raccourcissent et conditionnent les messages. Ceci explique comment le point de bascule devient le point de stimule. Mais la distorsion du message ne se limite pas au partage d'idées issues d'un livre préféré. La distorsion du message se produit tout le temps, même lorsque des vies sont en jeu. Jetez un œil à cette succession d'ordres de la 1ère division de cavalerie de l'armée américaine. C'était pendant la guerre du Vietnam en 1967. Dans cet exemple tragique, des gens sont morts parce que le cœur du message « ne brûlez pas le hameau (petit village) » s'est perdu dans la communication en cascade.

Les quartiers généraux de la division avaient communiqué à la brigade : « En aucun cas, les hameaux ne doivent être incendiés. »

La brigade a communiqué par message radio au bataillon : « Ne brûlez pas de hameaux, à moins que vous ne soyez absolument convaincus que les Viet Cong s'y trouvent. »

Le bataillon a communiqué par message radio à la compagnie d'infanterie sur les lieux : « Si vous pensez qu'il pourrait y avoir des Viet Cong dans le hameau, brûlez-le. »

Le commandant de la compagnie a donc ordonné à ses troupes : « Brûlez ce hameau. »

Il n'est pas surprenant que notre stratégie, ou pour être précis, l'histoire de notre stratégie se déforme également. Quand les gens parlent d'une stratégie et que le message de la stratégie est transmis, certaines parties sont ignorées et d'autres éléments sont présentés dans le mauvais ordre. Le nom donné à ce phénomène est le Graffiti Stratégique. Soyons clairs. Quand le récit de notre stratégie est transmis d'un individu à l'autre, il y aura toujours une certaine quantité de Graffiti Stratégique qui se retrouvera dans notre message. Nous avons vu que même avec la meilleure formulation possible – peu de stratégies sont résumées aussi clairement que les idées de Malcolm Gladwell – les messages sont déformés lorsqu'ils sont transmis. Donc, la question clé devient : « Si cela arrive tout le temps, devrions-nous nous en préoccuper ? » En d'autres termes, les stratèges doivent-ils se soucier du bandit la distorsion du message ? La réponse : quand le Graffiti Stratégique cache l'essentiel de notre grande idée, nous devrions nous en soucier.

3.
Un cheval n'est pas un zèbre

Diriger un zoo à succès devenait de plus en plus difficile. Marc Williams, PDG de The Mighty Beast, le septième zoo le plus grand du monde, gigotait nerveusement sur sa chaise. Il avait vu les résultats trimestrielles la veille et c'était tout. Il fallait qu'il prenne des mesures et mette son plan en action. Aujourd'hui, décida-t-il, il allait engager une société de conseils en stratégie pour qu'elle examine son entreprise et qu'elle propose une nouvelle stratégie. Il choisirait The Chicago Consulting Group parce que l'un des partenaires était un ami proche de Peter Marchal, président du conseil d'administration du zoo. Il était persuadé que ce léger avantage jouerait en sa faveur lorsque les résultats seraient présentés.

Quatre mois plus tard, Marc était assis à son bureau heureux de son succès. La présentation de la stratégie au conseil d'administration s'était déroulée comme prévue ce matin-là. Ils l'avaient félicité pour cela, même s'il avait eu peu à voir avec le résultat final. « Et maintenant il est temps pour les autres de se mettre au travail. » se dit-il à lui-même en appelant Daniel, son directeur des opérations.

Daniel Brown n'était pas surpris d'être à nouveau convoqué dans le bureau de Marc. C'était un événement régulier. Et il ne pouvait jamais deviner la raison car son patron avait tendance à interpréter les missions d'un directeur des opérations de diverses manières. Aujourd'hui n'était pas différent. Avant qu'il ait pu s'asseoir, Marc lui dit : « Daniel, je veux que tu communiques la stratégie que j'ai développée à tout le monde dans la boîte. » « Tu sais Daniel », continua Marc, « Les ongulés sont des animaux géniaux. J'ai donc décidé d'en avoir plus dans notre zoo. » Les consultants en stratégie avaient recommandé que les visiteurs soient encouragés à revenir plus souvent au zoo afin de stimuler les ventes d'abonnements annuels dont ils avaient tant besoin. Une suggestion était d'avoir des animaux domestiques, comme des chevaux. Cela serait une opportunité pour plus d'interactions humain-animal et une chance pour les visiteurs de forger un lien avec les animaux. Si les chevaux étaient placés à l'entrée du zoo, les gens pourraient également faire un tour en calèche. Les enfants tout comme les grand-parents adoreraient cela. Mais Marc voulait que les choses restent simples pour Daniel. Donc il ne lui donna que cette information de base.

Daniel ne réfléchit pas tellement à cette idée. Mais il était content d'être le porte-parole de la stratégie de Marc. Il ne se souciait pas tellement de ce qu'il avait besoin de dire, tant que son travail n'était pas en danger. Et il ne voyait pas comment l'obtention de quelques animaux supplémentaires pourrait avoir une influence négative sur sa position.

La première personne à qui Daniel s'adressa fut la responsable des finances Debra Winger. À mi-chemin de son deuxième café, il lui dit : « Marc a décidé d'augmenter le nombre d'ongulés dans notre zoo. Et il m'a demandé d'en parler à tout le monde. » Debra pensa que l'idée de Marc était géniale. Un plus grand troupeau de zèbres permettrait d'améliorer le programme d'élevage et donner un meilleur statut au zoo. Elle aimait aussi beaucoup les animaux à rayures.

Après la réunion, Debra appela le responsable des achats Paul Yuzinsky : « Marc veut que tu commandes 7 zèbres de plus dès que possible. » Paul fit donc exactement ce qu'on lui avait dit de faire. Poser des questions à son chef ne faisait pas partie de sa description de poste. Il alla donc acheter 7 zèbres. Le prix était très élevé car le seul zoo disposé à en vendre dans un délai aussi court était le Zoo Central, à 3 500 km de là.

Marianne Brenner, la gardienne responsable des zèbres, fut surprise lorsqu'elle reçut un appel lui disant de décharger 2 camions contenant 7 zèbres. « Acheter plus de zèbres est une décision si stupide. » pensa-t-elle. Ils avaient déjà un bon troupeau et un excellent programme d'élevage. « Nous devrions vendre des zèbres, pas en acheter. »

Marc regarda par la fenêtre de son bureau pour voir les 2 camions blancs qui arrivaient avec ce qui ressemblait à des chevaux. Il ne pouvait pas très bien voir parce que la zone de déchargement se trouvait de l'autre côté du zoo. « Quelle rapidité », pensa-t-il. Pour une fois, il décida de montrer son contentement et demanda à sa secrétaire d'appeler la responsable.

Marianne répondit au téléphone et écouta les louanges de Marc. « Dommage que nous n'ayons pas de chevaux, » pensa-t-elle. « Ce n'est pas vraiment un animal de zoo, mais nous pourrions les utiliser pour attirer les visiteurs. Cela augmenterait vivement notre nombre de visiteurs. » Mais puisque Marc et ses drôles de consultants étaient payés à réfléchir, elle laissa tomber et alla s'occuper du déchargement des zèbres.

•••

Quand je suis sur scène, j'adore utiliser cette histoire pour animer une discussion sur la distorsion des messages. Quand une histoire de stratégie voyage, elle est pulvérisée de Graffiti Stratégique. Des rayures sont ajoutées au cheval. Comme nous l'avons vu, cela arrive tout le temps. Cela fait partie de la façon dont les gens communiquent. Et tant que le cheval reste un cheval avec quelques rayures, tout va bien. Mais quand le cheval se transforme en zèbre, notre grande idée est en difficulté.

Les annonceurs font face au même défi. Ils ont une marque (le cheval) qui doit rester sans rayures. Ils appellent cela « protéger l'essence de la marque ». « Il est très important de protéger la promesse principale de la marque », m'a dit Nico Croes, annonceur sénior chez BBDO, l'une des plus grosses agences de publicité au monde. « Chaque marque a une identité, une raison d'être. Et il est crucial que les clients reconnaissent l'essence. C'est ce qui la différencie des produits ou services concurrents. Quand nous faisons de la publicité, nous devons nous assurer que le cœur du message de la marque reste intact. Si nous ne le faisons pas, nous avons un gros problème. » Regardez les deux exemples suivants. Pouvez-vous repérer la communication en cascade avec un problème graffiti ?

Exemple 1 :

PDG à N-1 :   Pour survivre dans notre secteur, nous devons puiser dans de nouvelles sources de bénéfices. Cela exige une nouvelle attitude envers les clients. Mais si nous ne maîtrisons pas nos coûts, nous ne ferons pas du tout partie du jeu. Nous avons donc besoin d'encore plus d'efficacité.

N1 à N2 :   Nous devons développer notre activité et avons donc besoin de plus de clients satisfaits. Nous devons également garder nos coûts sous contrôle pour survivre.

N2 à Lisa :   Nous devons accroître la satisfaction client et devenir plus efficace.

Exemple 2 :

PDG à N-1 :   Pour survivre dans notre secteur, nous devons puiser dans de nouvelles sources de bénéfices. Cela exige une nouvelle attitude envers les clients. Mais si nous ne maîtrisons pas nos coûts, nous ne ferons pas du tout partie du jeu. Nous avons donc besoin d'encore plus d'efficacité.

N1 à N2 :   Il est crucial d'être plus orienté client. Cela sécurisera notre avenir. Mais nous ne pouvons pas ignorer le court terme. Restons toujours concentrer sur les coûts.

N3 à Lisa :   Concentrez-vous d'abord sur l'efficacité, soyez orienté client lorsque cela est possible.

La réponse est, bien sûr, l'exemple 1. Là, où les deux messages finissent par être déformés, le cœur du message reste intact, dans le deuxième exemple. Dans le premier, le message est déformé à tel point que l'idée essentielle, réduire les coûts et utiliser les économies pour préparer l'avenir, est perdue. Cela n'est plus clair que l'efficacité passe en premier.

Maintenant, voici la partie effrayante. Quelqu'un qui connaît la stratégie (Vous vous souvenez du tapoteur ?) ne fait pas attention à la différence cruciale. Pourquoi ? À cause de la malédiction du savoir. Il connaît déjà l'essentiel du message. Il entend la chanson, même s'il manque la plupart des notes. Quand vous savez que votre entreprise est en concurrence dans un secteur en déclin, vous savez qu'il est important de rechercher de nouvelles sources de bénéfices. Vous savez aussi que les trouver prend du temps. Et il est évident que le business actuel doive fournir l'argent nécessaire pour combler l'écart. C'est l'air qui se jouera automatiquement dans votre tête lorsque vous entendrez les notes « efficacité » et « service client ». Connaissant le contexte, il est facile d'établir les priorités, même si vous n'entendez que 2 mots. L'efficacité prime.

Pour un auditeur comme Lisa et quelqu'un qui n'a pas le contexte, la satisfaction client et l'efficacité ont la même valeur. Et avec l'information donnée par le cadre supérieur dans le premier exemple, Lisa ne peut établir de priorités. Elle ne peut percevoir le modèle de décision, donc elle ne sait pas comment rester sur le bon chemin. Mais avec l'information du cadre supérieur dans le deuxième exemple, elle le peut.

4.
Distorsion télévisuelle

Tout comme les responsables marketing qui réussissent protègent le cœur de la marque, l'essence de la marque, les stratèges qui réussissent protègent le cœur de la stratégie : le grand choix. Notre première tâche est de rendre visible le bandit la . L'une des façons les plus efficaces de faire cela dans une grande organisation est de faire une vidéo. Voici comment cela fonctionne. Procurez-vous une équipe de télévision pour une journée, rien d'extravagant, juste 1 ou 2 personnes et une caméra amateur. Allez dans tous les coins de l'organisation et demandez à 40-50 personnes de raconter l'histoire de la stratégie. Demandez-leur, par exemple : « Quelles sont les 3 choses les plus importantes pour que notre entreprise réussisse ? » Une fois que vous avez suffisamment de matière, couper-coller pour faire une vidéo. Amenez l'équipe dirigeante autour de la table, regardez-là, et discutez ce qu'il en ressort.

Il est bon de savoir que la plupart des organisations ont des problèmes similaires de graffitis. Lorsque vous analysez les résultats, recherchez les 2 modèles suivants : tout d'abord, en partant d'un point de vue structure, le Graffiti Stratégique sera plus dominant dans certains groupes de l'entreprise, tels que les équipes, les domaines métiers, les départements ou les pays. *(Certains ont compris le message, d'autres non.)* Deuxièmement, d'un point de vue contenu, le Graffiti Stratégique sera plus dominant dans certaines parties du message stratégique que dans d'autres. *(Certaines parties du message stratégique survivent à la communication en cascade, d'autres non.)*

Revenons au mystère de Gladwell et voyons si nous pouvons évaluer l'impact du bandit la distorsion du message. Comment évalueriez-vous son effet sur la grande idée de Gladwell ? À mon avis, le cœur du message est clairement touché. L'idée de Gladwell a un problème. Tout d'abord, certaines parties du message principal sont omises. Quand je veux créer un point de bascule, je n'ai pas toutes les informations pour prendre les bonnes décisions. Il manque les éléments fondamentaux comme l'importance de se concentrer sur quelques groupes clés, les Experts, les Connecteurs, et les Vendeurs, et la nécessité d'élaborer un message fort. Deuxièmement, le point de bascule, tel qu'expliqué par les 5 personnes, devient une formule mathématique dangereuse. Imaginez que vous, moi, ces 5 personnes et quelques autres travaillons tous pour la même entreprise. Et Malcom Gladwell est notre PDG. Imaginez également que la règle des 150 est un élément essentiel de la stratégie de notre entreprise. Au lieu de prendre de petites décisions pour conserver les groupes en dessous de 150, nous recevons le conseil de nos collègues de pousser la taille du groupe à plus de 150. Exactement le contraire de ce que nous devrions faire, selon notre PDG. Et le faux message n'est pas contenu. Il continue à se propager, comme un virus.

CHAPITRE 4

Tracer
une ligne d'arrivée

Mon fils Jonas a 8 ans. Il est vraiment passionné par le football. Il joue dans le petit club de la ligue locale et demande constamment à chaque membre de la famille de jouer au foot avec lui dans le jardin. Quand je ne voyage pas, je me retrouve presque tous les jours dans le jardin.

Avant de commencer, il me donne toujours 2 options : « Est-ce qu'on joue pour de vrai ? » (un match) ou « Est-ce qu'on s'entraîne ? » En théorie, le jeu auquel nous jouons est exactement le même, la seule différence étant que lorsque nous jouons pour de vrai, nous comptons les buts. Mais cette légère variation fait une énorme différence dans la manière dont Jonas aborde le jeu. Il donne le meilleur de lui-même quand il a 1 ou 2 buts de retard. Il joue alors avec entrain, prend des risques calculés, court beaucoup et m'empêche de marquer presque à chaque fois. Compter les buts influence également mon comportement. Même si cela ne me dérange pas qu'il gagne le jeu, si je suis honnête, je préfère un jeu serré où le score final ne raisonnera pas dans ma tête jusqu'à ce que nous jouions à nouveau. Donc chaque fois que j'ai 3 ou 4 buts de retard, je pousse un peu plus fort pour limiter la défaite (tant qu'il a 8 ans, je peux encore de le faire.)

Mais, voilà le truc. Pourquoi prenons-nous un jeu plus au sérieux quand nous déclarons d'emblée que c'est « pour de vrai » ? Nous jouons vraiment exactement le même jeu avec les mêmes personnes. Alors, pourquoi quelque chose d'aussi insignifiant que de compter les points a-t-il un tel impact sur notre comportement ?

1.
Qui gagne ?

En 1990, les professeurs Edwin Locke et Gary Latham ont publiée *A Theory of Goal-setting and Task Performance*, une étude révolutionnaire fondée sur 400 expériences en laboratoire et sur le terrain, menées pendant 25 ans. Leur recherche fournit 2 perspectives importantes pour notre voyage. Tout d'abord, lorsque nous définissons des objectifs nous obtenons de meilleurs résultats que lorsque nous n'en définissons pas. Les deux professeurs soutiennent qu'en établissant des objectifs nous créons une norme d'autosatisfaction par rapport à la performance. En d'autres termes, en nous disant à nous-mêmes à quoi ressemble le succès, nous voulons le poursuivre et l'atteindre. Deuxièmement, des feedbacks réguliers sur nos progrès vers l'objectif choisi augmentent notre performance. Latham et Locke soulignent que des feedbacks réguliers augmentent nos capacités de prise de décision et de résolution de problèmes. En suivant nos progrès et en sachant où nous en sommes, nous adaptons nos efforts et nos techniques pour nous assurer d'atteindre notre objectif. C'est exactement ce qu'il se passe quand mon fils et moi jouons au football « pour de vrai ». Il y a un objectif clair : mon fils veut gagner et je ne veux pas perdre avec un écart de buts trop important. Nous pouvons tous les deux garder en mémoire où nous en sommes puisqu'il y a un feedback immédiat *(mon fils me rappelle le score toutes les quelques minutes.)* Et nous poussons tous les deux un peu plus fort pour atteindre notre objectif.

Latham et Locke ont prouvé avec leur recherche révolutionnaire que compter les points est l'un des mécanismes de performance les plus puissants. Si nous sommes sérieux au sujet de la performance d'exécution de la stratégie, nous avons besoin d'un objectif clair et d'un mécanisme de feedback qui nous indique exactement où nous sommes et où nous devrions être. Mais trouver les bons mécanismes de feedback sur notre parcours stratégique peut être difficile et même un peu épineux. Le moyen le plus simple est de travailler à rebours. Commençons donc par tracer une ligne d'arrivée.

2.
Quand est-ce qu'on arrive ?

Il y a quelques années, Jef Schrauwen alors âgé de 28 ans, reçut une proposition ambitieuse. On lui demandait de reprendre l'affaire familiale et de marcher dans les traces de 6 générations de menuisiers.

Avant de prendre une décision aussi importante, Jef décida d'évaluer le potentiel de l'entreprise. Les résultats financiers n'étaient pas mauvais. Mais comme il s'y attendait, il y avait une nette tendance à la baisse. La concurrence était féroce, les marges en forte baisse. Leur portefeuille produit était assez diversifié, allant des fenêtres et volets aux portes extérieures et même quelques cabanons. Leur passion pour la maîtrise d'un savoir-faire de qualité était évidente. Et tout le monde, y compris lui-même, était fier de leurs 123 ans d'histoire.

Jef conclut que le seul moyen pour aller de l'avant était de se focaliser sur un produit à plus forte valeur ajoutée avec une marge convenable où le savoir-faire pouvait toujours faire la différence. Il décida de se spécialiser dans les portes d'entrée de haute qualité pour les maisons de ville classiques et les villas. Pour répondre aux besoins des propriétaires exigeants, il savait qu'il devait marier le savoir-faire avec les exigences croissantes en matière de confort moderne, de sécurité et d'économie d'énergie.

Une fois convaincu qu'il avait identifié un avenir pour l'entreprise, il accepta la proposition et commença à partager sa grande idée avec les autres. Il parla avec enthousiasme de portes d'entrée et de l'opportunité que cela représentait pour leur société. Mais à son grand désarroi, il ne reçut en retour que de questions compliquées et d'apathie. Jef Schrauwen se demandait pourquoi les autres ne voyaient pas l'avenir de la même manière que lui.

Aujourd'hui, l'Atelier Schrauwen est une entreprise très performante spécialisée dans les portes d'entrée. Elle marie le charme de l'ancien avec les techniques de production modernes. Ses employés sont dithyrambiques à propos de leur produit et service. Le propriétaire Jef est reconnu comme un entrepreneur qui a réussi. Il a remporté le prix national du savoir-faire et fut acclamé pour son initiative audacieuse. Son approche en matière de stratégie est maintenant utilisée comme mode d'emploi par les autres.

Que s'est-il donc passé ? Est-ce que Jef a eu de la chance ou est-ce autre chose ?

Voici comment Jef parle de son innovation : « Quand on m'a demandé de reprendre l'affaire familiale, je pensais que l'étape la plus difficile serait de définir un grand avenir pour l'entreprise. Je ne voulais pas être celui qui allait foutre en l'air l'histoire familiale. Mais rétrospectivement, le véritable défi était de faire adhérer les autres à mon rêve. Au début, ils ne partageaient pas mon enthousiasme, et en parler ne semblait pas aider. Au contraire, ils disaient des choses comme : « On s'en sort bien aujourd'hui », « Notre carnet de commandes est plein pour plusieurs mois à venir », ou « Pourquoi devrions-nous nous concentrer sur un seul produit ? » Après des mois de lutte, j'adoptai une approche différente et décidai de quantifier mon rêve. J'en suis arrivé à la déclaration suivante : « D'ici 2017, nous voulons produire 200 portes d'entrée de haute qualité par an. » Cette petite phrase a fait toute la différence pour l'équipe. Ils sont très compétitifs et ont commencé à compter et à déterminer si nous progressions ou non. Le slogan s'est également avéré très efficace pour le monde extérieur. Les clients, les prospects et les médias ont adhéré et se sont impliqués dans notre histoire. »

En ajoutant une *ligne d'arrivée*, Jef a fait de la stratégie un succès tangible pour tous. Il n'a pas changé son grand choix : devenir le spécialiste des portes d'entrée. Mais la ligne d'arrivée, produire et vendre 200 portes par an, a montré à tout le monde à quoi ressemblerait la victoire, tout comme le fait de compter les buts lors d'un match de football. En choisissant une lignée d'arrivée pour la stratégie, les stratèges qui réussissent montrent à quoi ressemble le succès. Ils définissent des règles claires sur la façon de gagner et de transformer une idée abstraite en une course concrète.

3.
Motivation

Une ligne d'arrivée montre à quoi ressemble le succès d'une stratégie. Mais comme nous l'avons appris de l'expérience de Jef, la bonne ligne d'arrivée motive aussi. Elle donne un but à ceux qui voyagent sur le chemin de l'exécution. Et nous avons appris de Latham et Locke qu'avoir un objectif clair, un but, augmente les performances. Cela déclenche notre envie de gagner. Donc, nous ne voulons pas n'importe quelle ligne d'arrivée. Nous voulons une ligne d'arrivée inspirante.

De nombreuses organisations ont défini une ligne d'arrivée pour leur stratégie, mais elle manque d'inspiration. Prenez cet exemple. Pendant que certains pourraient prendre leur pied, « nous voulons surpasser le marché et avoir une RCI (rentabilité des capitaux investis) d'au moins 2% de plus que la moyenne du secteur pour les 5 prochaines années », la réalité c'est que la plupart des gens s'en fichent tout simplement. Un autre merveilleux exemple de l'impact d'une ligne d'arrivée inspirante est celui de la NASA. Voici ce à quoi ils aspiraient au début des années 60.

Accroître les connaissances de l'humanité dans les domaines touchant à l'atmosphère et l'espace ; améliorer les retombées pratiques, les performances, la vitesse, la sécurité et l'efficacité des aéronefs et des véhicules spatiaux ; développer et opérer des engins capables d'emporter dans l'espace des instruments, des équipements et des organismes vivants ; réaliser des études sur le long terme pour déterminer les bénéfices potentiels, les opportunités et les problèmes soulevés par les activités spatiales et aéronautiques à des fins pacifiques et scientifiques ; préserver la position de leader des

États-Unis dans le domaine de la technologie et de la science spatiale et aéronautique et dans les applications pouvant être menées dans l'atmosphère et dans l'espace ; mettre à disposition des agences directement concernées par la défense des États-Unis les découvertes qui pourraient avoir une valeur ou une importance significative et réciproquement les agences en question mettront à disposition de l'agence civile les découvertes et informations qui pourraient avoir une valeur pour l'agence civile ; mener des projets de coopération internationale avec d'autres nations ou groupes de nations afin de remplir les objectifs énoncés dans cet acte et à des fins pacifiques ; l'utilisation la plus efficace des ressources scientifiques et techniques des États-Unis, avec une coopération étroite entre toutes les agences intéressées sur le territoire, afin d'éviter la duplication inutile des efforts, des infrastructures et de l'équipement.

Enthousiasmé ? Probablement pas. Mais ensuite, un brillant communiquant ajouta la ligne d'arrivée suivante : « Je crois que cette nation devrait s'engager à atteindre l'objectif, avant la fin de cette décennie, d'envoyer un homme sur la Lune et le ramener sain et sauf sur Terre. » À l'époque, la ligne d'arrivée de John F. Kennedy avait inspiré une nation toute entière.

4.
L'initiative pas si audacieuse de la NASA

Nous pouvons apprendre une seconde leçon de l'exemple de la NASA, une idée essentielle qui pourrait bien vous surprendre. La ligne d'arrivée que John F. Kennedy a formulée n'était pas une déclaration si audacieuse que cela. Alors que d'aller sur la Lune dans les années 60 ressemblait à de la science-fiction pour la plupart des gens, ce n'était pas le cas pour la NASA. Aller sur la Lune était une ligne d'arrivée plutôt réaliste, fondée sur le cœur stratégique de la NASA à l'époque. Voici comment un ancien employé de la NASA et stratège bien connu Richard Rumelt juge la réalité de la ligne d'arrivée de la NASA : « L'objectif fixé par Kennedy, apparemment audacieux pour le novice, était assez proche. Il s'agissait de rassembler les ressources et la volonté politique. L'objectif était réalisable parce que les ingénieurs savaient comment concevoir et construire des fusées et des engins spatiaux. Une grande partie de la technologie avait déjà été développée dans le cadre du programme de missiles balistiques. »

Bien que la ligne d'arrivée de Jef, 200 portes d'ici 2017, soit difficile, elle est également réaliste. « Le nombre 200 n'est pas une conjecture, même si nous ne produisions que 25 portes par an au moment de l'annonce » me dit Jef. « C'était fondé sur notre capacité de production maximale. À l'époque, notre principal défi consistait à faire évoluer notre portefeuille produit. J'avais calculé le nombre de portes que nous pourrions produire si nous nous concentrions uniquement sur les portes d'entrée, en arrêtant tous les autres produits. Le nombre s'est révélé être 200. »

Les deux exemples nous enseignent l'importance d'un lien réaliste entre la stratégie, le grand choix, et la ligne d'arrivée. Ne choisissez pas une lignée d'arrivée aléatoire, celle d'un concurrent, une que les écoles de commerce prennent pour illustrer des études de cas ou une qui a l'air impressionnante. Choisissez une lignée d'arrivée qui capture le cœur de votre stratégie et fournit un défi difficile, mais réaliste. Une ligne d'arrivée n'est pas une rêverie, comme décrocher le gros lot à loterie un jour. Une ligne d'arrivée est une déclaration qui commence à partir d'un potentiel réaliste. La ligne d'arrivée de Jef était réaliste parce qu'il avait les capacités de production. Tout comme la ligne d'arrivée de la NASA parce qu'elle avait la technologie. La ligne d'arrivée de Michael Phelps, devenir le plus grand nageur olympique de tous les temps, était une rêverie pour 7 milliards de personnes, mais cela ne l'était pas pour lui. Il savait qu'il avait les capacités pour réussir. Et cela l'a probablement inspiré à plonger dans la piscine jour après jour. Les stratèges qui réussissent choisissent une ligne d'arrivée difficile mais réaliste, qui capture le cœur de la stratégie. Et ce faisant, nous inspirons les voyageurs. Nous donnons un but au parcours stratégique, tout comme le fait de compter les points en est un pour un père et son fils qui jouent au football dans la cour.

CHAPITRE 5

Re-
mesurer

Une ligne d'arrivée nous indique quand notre parcours stratégique est terminé avec succès. Elle nous indique quand nous avons gagné. Une ligne d'arrivée inspirante telle que celle de JFK : « Un homme sur la Lune d'ici la fin du siècle » et celle de Jef : « 200 portes d'entrée d'ici 2017 », donne à chacun son but. Cela nous motive à gagner. Mais une ligne d'arrivée ne nous dit pas comment terminer le voyage avec succès. Elle ne nous dit pas comment gagner. Par conséquent, nous avons besoin d'un deuxième élément pour compléter notre mécanisme de feedback. Nous avons besoin d'un ensemble de panneaux qui nous dirigent vers la ligne d'arrivée. Pour trouver notre deuxième ensemble d'indicateurs, jetons un coup d'œil aux décisions prises par les marathoniens qui réussissent pour améliorer leur record personnel sur la distance mythique de cette course.

Le marathon commémore Phidippidès, un soldat qui a couru d'un champ de bataille de la ville grecque de Marathon jusqu'à Athènes en 490 av. J-C. Il devait apporter la nouvelle de la victoire des Grecs sur les Perses. La légende raconte que Phidippidès parvint à livrer le message mémorable « NIKÉ » (qui veut dire 'victoire') puis s'effondra et mourut. Lors de l'inauguration des Jeux Olympiques modernes en Grèce en 1896, Phidippidès fut honoré par une course de 40km du Marathon Bridge au stade olympique d'Athènes. Aux Jeux Olympiques de Londres en 1908, la distance du marathon passa à 42km pour couvrir la distance du White City Stadium au Windsor Castle, afin que la course se termine devant le point d'observation de la famille royale. (C'est pourquoi certains coureurs crient aujourd'hui « God Save the Queen ! » à environ 40km). Après 16 ans de discussions houleuses, la ligne d'arrivée officielle fut établie à 42km.

Pour la plupart des coureurs, franchir la ligne d'arrivée d'un marathon est un rêve devenu réalité, une réalisation unique dans sa vie. Mais pour un groupe de coureurs sélectionnés, la ligne d'arrivée est une habitude et devrait être franchie aussi vite possible. Les marathoniens professionnels s'affrontent pour gagner.

Le nombre de compétitions auxquelles ces athlètes participent chaque année est limité. Pas parce qu'ils ne le veulent pas, mais à cause des énormes conséquences physiques d'une telle course. « Un marathon exténue votre corps, même si vous êtes un athlète professionnel », m'a dit l'entraîneur de marathon Thomas Valcke en se remettant de son dernier marathon. « Des chercheurs ont suivi un groupe de coureurs et ont prélevé du sang tous les jours après la course. Il a fallu 1 mois pour que les taux sanguins redeviennent normaux. Notre corps a besoin d'au moins 1 mois pour se remettre d'un marathon. Et du point de vue de l'entraînement, les conséquences ont des effets encore plus durables. Les coureurs amateurs pensent souvent qu'ils peuvent courir un deuxième marathon après un mois et améliorer leur temps. Mais ce n'est pas comme ça que notre corps fonctionne. Une course vous force à revenir en arrière, vos conditions physiques d'avant course (la vitesse à laquelle vous pouvez courir une certaine distance) ont disparu. Vous devez retrouver votre rythme, ce qui prend quelques mois. Seulement après, vous pouvez répéter la même performance ou tenter de faire mieux. » Comme les coureurs de marathon ne courent que quelques courses par an, ils ont un nombre de feedback limité des compétitions pour améliorer leurs performances. Par conséquent, ils ont toujours cherché des moyens de mieux performer en prédisant leur succès en ligne d'arrivée. Alors, comment font-ils ? Comment les marathoniens prédisent-ils leur succès en ligne d'arrivée sans avoir à courir 42km ?

1.
Yasso 800

Un indicateur intéressant qu'ils utilisent est le nombre moyen de kilomètres qu'ils parcourent chaque semaine. Il existe une forte corrélation entre les kilomètres hebdomadaires parcourus par un athlète et son temps au prochain marathon. Valcke confirme cela. « Lorsque j'entraîne des coureurs avec un record personnel de 3,05 heures, avec l'ambition de tomber sous la barre magique des 3 heures, nous vérifions d'abord si leur équilibre corporel est optimal. (Ce coureur peut-il perdre du poids sans perdre de la vitesse ?). Mais souvent, avec un record personnel proche des 3 heures, il n'y a pas grand-chose à améliorer. Vous ne trouverez pas beaucoup de coureurs en surpoids franchissant la ligne d'arrivée après 3 heures. Nous essayons donc d'augmenter le nombre de kilomètres d'entraînement par semaine entre 90 et 105. La recherche prouve qu'en moyenne, plus vous parcourez de kilomètres par semaine, meilleur sera votre score au prochain marathon. » Mais comme pour le poids, cet indicateur a ses limites. Pourquoi ? Parce que plus vous courez de kilomètres par semaine, plus le risque de blessure est élevé. « Il y a toujours un risque de surentraînement. » explique Valcke.

« Chaque personne est différente donc il n'y a pas de nombre optimal. C'est en essayant et en se trompant que l'on trouve l'équilibre. »

Puis Bart Yasso est arrivé avec un troisième indicateur surprenant : « Le temps qu'il vous faut pour effectuer des 800 mètres (2 tours de stade) à répétition en minutes et secondes, c'est votre temps sur la ligne d'arrivée du marathon en heures et en minutes. » Comment cela fonctionne-t-il ? La théorie derrière le Yasso 800 est que votre temps en minutes et secondes pour un entraînement de 10 fois 800 mètres avec un temps de récupération égal, est le même en heures et minutes que votre temps de marathon. Par exemple, si vous pouvez courir 10 fois 800 mètres en 3 minutes et 20 secondes avec 3 minutes et 20 secondes de récupération, cela prédit que vous pouvez courir 3 heures et 20 minutes pour votre marathon. Courrez 2 minutes et 50 secondes pour les 800 mètres et vous pourrez courir 2 heures et 50 minutes pour le marathon. « Le Yasso 800 est un entraînement fractionné bien connu, mais très exigeant. » souligne Valcke « et, en moyenne, il permet de prédire avec beaucoup de précision votre temps de marathon. Je l'ai essayé, ainsi que plusieurs des coureurs que j'entraîne. »

Je me rends compte que c'est tout à fait contre-intuitif quand vous entendez ceci pour la première fois. Comment le temps d'une distance inférieure à 2% de la distance totale de la course peut-il prédire le succès ? Assez fou, n'est-ce pas ? Mais la simple vérité est que c'est assez précis. Des tests approfondis ont prouvé que le temps pour les 800 mètres est l'un des meilleurs prédicteurs de temps de marathon. Améliorer votre temps aux 800 mètres signifie améliorer votre temps au marathon. Le Yasso 800 aide les marathoniens à prédire leur succès, et avec une grande précision.

• • •

La ligne d'arrivée d'un marathon, tout comme la ligne d'arrivée de notre parcours stratégique, est un indicateur retardé. Il est appelé ainsi parce que la mesure est en retard sur le résultat. Au moment où vous obtenez les données, votre temps à la ligne d'arrivée, le résultat s'est déjà produit. Un marathonien qui franchit la ligne d'arrivée verra le résultat, mais c'est trop tard pour le changer. La course est terminée.

Le Yasso 800 est un indicateur avancé. Il est appelé ainsi parce que la mesure conduit au résultat. Au moment où vous obtenez les données (votre temps Yasso 800), le résultat (le succès de votre marathon) doit se produire. Ce qui est génial à propos des indicateurs avancés est qu'ils offrent une orientation sur la façon d'améliorer la performance. Ils offrent aux utilisateurs la possibilité de prédire leur succès et de prendre des décisions pour influencer positivement leur succès. Une marathonienne qui court le Yasso 800 découvrira à quoi ressemblera son temps sur la ligne d'arrivée. S'il n'est pas celui désiré, elle ajuste son programme d'entraînement et s'améliore avant la vraie course.

Tout comme les marathoniens, les voyageurs ont également besoin d'un ensemble d'indicateurs avancés, des panneaux, qui prédisent le succès à la ligne d'arrivée. Ce mécanisme de feedback les aide à prendre les bonnes décisions en cours de route. Trouver le bon ensemble est une forme d'art qui nécessite des essais et des erreurs pour bien faire. Au début, c'est comme jouer à la roulette. Mais avec du temps, de la patience et de l'entraînement, la chance tournera en votre faveur. Et quand cela se produit, cela change la donne. Lorsque vous trouvez un panneau que d'autres ont manqué, comme ce fut le cas pour Billy Beane, vous décrochez le gros lot.

2.
Billy Beane

Que faites-vous si votre équipe est sur une série de défaites et que vous n'avez pas l'argent pour essayer de vous acheter une échappatoire ? C'est ce à quoi Billy Beane faisait face. Dans les années 90, il était le directeur général de l'équipe de baseball d'Oakland Athletics, ou « The A's » comme on les appelle communément, et il luttait. L'équipe était dans une situation perdant-perdant sans espoir d'un retournement à l'horizon. Comme les autres gros frappeurs de la ligue, ils n'avaient pas les moyens financiers de sortir du trou dans lequel ils se trouvaient. Ils étaient l'une des équipes les plus pauvres de la Major League Baseball avec un cinquième du budget des équipes riches pour de nouveaux joueurs, un stade en ruine et des chiffres de fréquentation en effondrement. Billy Beane devait trouver une façon de sauver l'équipe. Et vite.

Il décida de se concentrer sur ce qui produit des victoires au baseball. Après tout, gagner est tout ce qui importe pour tout le monde. Il commença avec la prémisse que le plus grand nombre de points (Runs en anglais) produit des victoires. Mais qu'est-ce qui contribue à ces victoires ? Quelles sont les mesures principales qui créent un point ? La vision traditionnelle de la sélection d'une équipe était basée sur des découvreurs de talents expérimentés analysant les compétences techniques d'un joueur, comme la façon dont il frappait et courait entre les bases, ainsi que son attirance physique (et même celle de sa petite amie). Billy Beane alla à contre-courant. Avec l'aide du génie de l'informatique Paul DePodesta, ils entreprirent de défier les conventions du baseball. Le duo croyait que les statistiques des joueurs (les indicateurs avancés) étaient plus importants que leurs compétences techniques. Et, dans cette optique, ils recrutèrent une liste de joueurs quelconques, d'anciens joueurs maladroits qui étaient capable de faire une seule chose très bien et avec une grande constance... Ils pouvaient se rendre sur la base.

« L'objectif est de ramener tout ça à une seule notation. En exploitant les stats comme nous le faisons, nous ferons ressortir la valeur de joueurs que personne d'autre ne voit. » dit le personnage Paul DePodesta dans le film 'Le Stratège'. « Le monde du baseball pense de façon moyenâgeuse. Ils se posent toutes les mauvaises questions, quand je fais la connerie d'en parler, on me met en quarantaine. Je suis même pire qu'un lépreux. Je suis persuadé qu'il y a une équipe championne de 25 joueurs que l'on peut s'offrir. Parce que le monde du baseball les sous-évalue, je dirais que ce sont nos vilains petits canards. »

Pendant un certain temps, ces vilains petits canards étaient la risée de tous... jusqu'à ce qu'ils recommencent à gagner. Ils ont remporté le titre de la division, battant des équipes bien plus riches en talent et en argent. Pendant la décennie suivante, ils ont toujours terminé premier ou deuxième de leur division. Depuis lors, l'influence de la « sabermétrie », l'analyse du baseball par les statistiques, et l'accent mis sur les indicateurs non traditionnels est devenu pratique courante dans les ligues majeures de baseball. « Pour moi, c'était porter un regard critique sur tout ce que vous faites et être vigilant au cours du processus, réexaminer, remettre en question les hypothèses et contraintes pour trouver une façon qui marche pour vous. » dit Paul DePodesta, « et je vois ça partout, pas simplement dans le baseball. »

3.
Enlever les vieux panneaux

Comme toutes les routes, les chemins secrets de l'exécution de la stratégie ont besoin d'entretien. Les panneaux qui rendent confus les voyageurs devraient être enlevés. Mais pour une raison bizarre, les gens ont du mal à enlever les vieux indicateurs. Il semble y avoir une magie particulière à leur sujet. Nous trouvons très difficile de les abandonner, tout comme l'anneau magique que Frodon doit détruire. Pourquoi ? Parce qu'il s'avère que l'information est addictive. Et les accros trouvent dur d'abandonner.

Dr Hallowell, professeur agrégé à Harvard et John Ratey, psychiatre spécialisé dans le trouble du déficit de l'attention (TDA), soulignent que les gens peuvent être attirés de manière compulsive par la stimulation constante de données entrantes. « C'est magnétique », pense Edward Hallowell. Les deux scientifiques ont leur propre terme pour décrire la pathologie : « pseudo TDA ». Ceux qui en souffrent n'ont pas réellement un trouble du déficit de l'attention, mais, influencés par la technologie et le rythme de la vie moderne, ont développé des durées d'attention plus courtes. Ils connaissent la frustration des projets long terme et s'épanouissent dans le stress de doses constantes d'informations. Et cela s'explique parce que l'information atteint nos récepteurs de dopamine, tout comme les drogues ou l'alcool.

Une des conséquences de notre addiction à l'information est une surcharge d'indicateurs, tous rassemblés dans un joli tableau de bord. Il n'y a rien de mieux pour nourrir notre soif d'informations qu'un ensemble de belles feuilles de calcul avec une tonne d'indicateurs compliqués. Mais les trop gros tableaux de bord peuvent être très dangereux sur notre parcours stratégique. Ils peuvent ralentir le processus décisionnel, comme avoir trop de choix dans les pots de confiture à l'épicerie. Avec trop d'indicateurs, il devient difficile pour les voyageurs de choisir un chemin. (Quel panneau devrais-je suivre ?) Les trop gros tableaux de bord peuvent également induire une fausse impression de sécurité. C'est l'attitude, « tous les feux sont verts donc tout va bien ». Ils influencent aussi lourdement la charge de travail. Un indicateur simple avec un seul chiffre cible peut nécessiter une semaine de travail pour collecter les données. Parfois, c'est difficile, mais souvent ce n'est pas à cause de la dispersion de la collecte des données. Envisagez d'approuver une action de mesure simple qui exige « seulement une heure de chaque employé chaque trimestre » dans une entreprise de 1000 employés. Vous venez d'approuver 2,6 équivalents temps plein !

Pour évaluer la valeur ajoutée d'un indicateur, nous devrions nous demander : « Cet indicateur nous aide-t-il à prendre une décision importante ? » Le mot « importante » est important. Il est tentant de répondre « oui » (rappelez-vous le succès de la dopamine), mais la question est de savoir à quel point c'est vraiment important. C'est comme l'indicateur de température que voyez sur l'écran de télévision à bord d'un avion. C'est cool de savoir qu'il fait extrêmement froid dehors, mais ça ne vous fera pas arriver plus vite à destination. Ou pensez au compte-tours sur le tableau de bord d'une voiture de sport. Cet indicateur montre le taux de rotation du moteur, généralement avec des marques indiquant l'intervalle de sécurité. Ils sont cool à regarder quand vous envoyez la sauce, mais vous n'en n'avez pas besoin pour changer de vitesse car le bruit de votre moteur vous le dira (et ceux qui en ont besoin ne devraient peut-être pas conduire de boîte manuelle).

4.
Joueurs contre entraîneurs

Un deuxième élément crucial pour éviter la surcharge d'informations est de faire la distinction entre les besoins d'information de l'entraîneur et ceux des joueurs. Les auteurs des *4 disciplines d'exécution d'une stratégie* disent du tableau de bord de l'entraînement :

L'affichage visuel des données n'est pas nouveau pour vous ou votre équipe. En fait, vous pensez peut-être que vous avez déjà un tableau de bord, ou même beaucoup de tableaux de bord, tous assemblés dans des feuilles de calcul complexes dans votre ordinateur. Et les données ne cessent de se mettre à jour. La plupart de ces données sont sous la forme de mesures retardées, accompagnées de tendances historiques, de projections futures et d'analyses financières. Les données sont importantes et servent un but pour vous, en tant que dirigeant, vos feuilles de calcul sont ce que nous appelons le tableau de bord de l'entraîneur... Pour piloter l'exécution, vous avez besoin du tableau de bord d'un joueur contenant quelques graphiques simples indiquant : Voilà où nous devons être et voilà où nous sommes maintenant. En 5 secondes ou moins, n'importe qui peut déterminer si nous sommes en train de gagner ou de perdre.

En d'autres termes, le tableau de bord d'entraînement est la partie facile. Nous devrions nous concentrer sur le tableau de bord du joueur. Pour notre voyage, nous devons construire un tableau de bord simple pour nos voyageurs, un tableau de bord qui permet de visualiser la ligne d'arrivée et les panneaux, les indicateurs avancés qui prédisent le succès à la ligne d'arrivée. Comme vous le savez, tous les joueurs ne contribuent pas au succès de la même manière. Dans le football américain, la défense a un rôle différent de l'attaque. Au football, le gardien est différent des joueurs sur le terrain. Au baseball, le lanceur est différent de l'équipe sur le terrain. Nous avons donc besoin de plusieurs plus petits tableaux de bord de joueurs, chacun adapté au rôle spécifique de chaque groupe de voyageurs. Dans une organisation, par exemple, les commerciaux et les opérations partagent la même ligne d'arrivée, mais ont un ensemble de panneaux différents.

JUSQU'ICI, nous avons beaucoup appris sur les parcours stratégiques réussis. Nous savons comment les supers parcours stratégiques commencent : par un grand choix, une décision concernant le segment de clientèle (le « qui ») et la chaîne de valeur (le « comment »). Et nous savons comment les supers parcours stratégique finissent : par une ligne d'arrivée, une carte postale de destination qui capture le cœur du grand choix et qui montre aux voyageurs d'une façon inspirante à quoi la réussite de la stratégie ressemble.

Entre le début et la fin, nous avons appris que les décisions au jour le jour jouent un rôle clé. Ces PETITS choix doivent être alignés avec le grand choix pour créer un chemin, un Modèle de Mintzberg. Les stratèges qui réussissent facilitent ces petits choix en utilisant trois tactiques : 1) ils fournissent une liste de Non pour limiter les options, tout comme Michael Porter nous l'a enseigné ; 2) ils fournissent des informations de priorisation : une intention décisionnelle, pour les options restantes, tout comme Alexandre Behring l'a fait avec ses 5 règles simples ; Et, 3) ils gardent le cœur de la stratégie clairement visible, sans Graffiti Stratégique, tout comme les responsables marketing qui protègent leur marque.

Nous avons également appris que le fait d'avoir un objectif et un mécanisme de feedback correspondant est essentiel. Une ligne d'arrivée nous indique quand nous réussissons et motive les voyageurs, tout comme le slogan de Jef pour un groupe d'artisans et la phrase de JFK pour une nation toute entière. Les panneaux nous indiquent comment réussir, tout comme le Yasso 800 pour un marathonien et la sabermétrie pour un entraîneur de baseball. Le bon ensemble de panneaux peut faire toute la différence du monde. Si seulement nous pouvons surmonter notre addiction à l'information et nous concentrer sur le voyageur.

La question clé pour la deuxième partie de notre voyage est de savoir si nous pouvons connecter notre grande idée au cœur des voyageurs sur le chemin de l'exécution. Pouvons-nous apprendre à faire en sorte que les autres s'intéressent à notre grande idée ? Je pense que nous le pouvons.

PARTIE 2

HEART

CHAPITRE 6

Partager des anecdotes de stratégie

Dave, un ami d'un ami, est régulièrement en voyage d'affaire. Il était récemment à Atlantic City pour une réunion importante avec des clients. Il avait un peu de temps à tuer avant son vol de retour alors il alla prendre un verre dans un bar du coin.

Il venait tout juste de finir son verre lorsqu'une femme séduisante s'approcha et lui demanda si elle pouvait lui offrir un autre verre. Il était surpris, mais flatté. « Bien sûr » répondit-il. La femme retourna au comptoir et apporta deux autres verres, l'un pour elle et l'autre pour lui. Il la remercia et prit une gorgée. Et c'était la dernière chose dont il se souvenait avant de se réveiller dans une baignoire d'hôtel, son corps immergé dans la glace.

Il regarda autour de lui, essayant frénétiquement de comprendre où il était et comment il était arrivé là. Puis, il repéra la note : « NE BOUGEZ PAS. APPELEZ LES URGENCES. »

Un téléphone portable était posé sur une petite table à côté de la baignoire. Il le saisit et appela le 911 de ses doigts engourdis et maladroits à cause de la glace. L'opérateur semblait étrangement familier avec sa situation. Elle répondit : « Monsieur, je voudrais que vous regardiez derrière vous, lentement et avec précaution. Y a-t-il un tube qui dépasse du bas de votre dos ? »

Angoissé, il passa ses mains autour de son dos. Effectivement, il y avait un tube. L'opérateur lui dit : « Monsieur, ne paniquez pas, mais l'un de vos reins a été prélevé. Il y a un réseau de voleurs d'organes qui opère dans la ville et il est arrivé jusqu'à vous. Les secours sont en route. Ne bougez pas jusqu'à ce qu'ils arrivent. »

1.
L'adhésion à la stratégie

Vous venez de lire l'affaire du vol de reins, une légende urbaine bien connue. Dan et Chip Heath racontent ce mythe haut en couleurs au début de leur excellent livre *Made to Stick*. Ils poursuivent en apportant un contraste à l'anecdote avec une déclaration qui ressemble beaucoup à la phrase ennuyeuse que vous avez lu dans le chapitre 4 : nous voulons surpasser le marché et avoir une RCI (rentabilité des capitaux investis) d'au moins 2% de plus que la moyenne du marché dans une période donnée de notre plan stratégique. Ils défient ensuite le lecteur de mettre le livre de côté, d'attendre une heure, d'appeler un ami et de raconter les deux histoires pour voir à quel point ils s'en souviennent.

Sans surprise, l'affaire du vol de reins l'emporte. « Une anecdote est puissante parce qu'elle fournit un contexte manquant à la prose abstraite », soulignent les frères Heath. « Les anecdotes mettent les connaissances dans un cadre plus réaliste, plus fidèle à notre vie quotidienne. » En d'autres termes, l'idée emballée dans une anecdote authentique rend le cœur du message plus adhérent, plus facile à retenir. Le psychologue Jérôme Bruner a quantifié l'adhésion à une anecdote. Il en a conclu que les faits sont 20 fois plus susceptibles d'être mémorisés s'ils font partie d'une histoire. Cette perspective est très intéressante pour les stratèges car nous voulons que les voyageurs se souviennent de notre message stratégique sur la route de l'exécution. Nous voulons que notre idée soit adhérente, tout comme l'affaire du vol de reins.

Quand les employés se plaignent de la qualité de la communication, ils disent des choses comme : « La stratégie n'est pas claire » ou « Notre organisation n'a pas de stratégie ». Mais ce qu'ils sous-entendent c'est,

« Je suis incapable de restituer l'information dans un contexte qui a du sens pour moi. » *Je ne vois pas quel genre de petits choix je dois faire pour contribuer au grand choix.*

La plupart des créateurs d'idées ne prêtent pas attention à ce deuxième message caché. Et c'est à cause du bandit, la malédiction du savoir. Vous vous souvenez de l'expérience des tapotements ? Une fois que les gens savent une chose, il devient compliqué pour eux de se mettre à la place de ceux qui ne savent pas. Lorsque les dirigeants entendent les commentaires faits sur la communication de leur stratégie, ils ne se rendent pas compte que les autres trouvent difficile d'appliquer le message à leur monde. Ils pensent à tort que les auditeurs n'ont pas entendu le message et que, pour réussir, la répétition est nécessaire. Ils pensent : « Faisons un autre roadshow ou écrivons un autre article de newsletter. » C'est comme les étrangers qui répètent leur message plus fort et plus lentement quand ils constatent que vous n'avez pas compris ce qu'ils veulent dire. Mais vos sourcils froncés ne signifiaient pas, « Je n'ai pas entendu votre message, » mais plutôt « j'ai entendu le message mais je ne le comprends pas. » *(J'entends que vous parlez chinois, mais comme je ne comprends pas le chinois, je n'ai aucune idée de ce que vous être en train de me dire. Et répéter lentement le message en chinois ne va pas m'aider à mieux comprendre).* La répétition ne peut surpasser la malédiction du savoir. Les anecdotes le peuvent. Pourquoi ? Parce que les anecdotes offrent aux auditeurs un contexte essentiel pour comprendre le message. Elles offrent des informations supplémentaires pour aider les auditeurs à encadrer les faits dans un contexte qui fait sens pour eux.

2.
L'anecdote qui changea la Banque mondiale

Stephen Denning était sur le chemin du sommet. Cadre brillant à la tête d'une bonne partie des opérations de la Banque mondiale, Denning aimait son travail. Il aimait voyager dans des pays lointains, gérer des clients et résoudre leurs problèmes. Mais ensuite, il eut une « promotion ». Denning fut invité à se pencher sur la question de la gestion des connaissances à la Banque mondiale. Il n'était pas content. « Pourquoi devrais-je quitter ce monde passionnant et me pencher sur la question peu glamour de l'information ? » se demandait-il après avoir reçu l'offre. À l'époque, la gestion de l'information n'était pas une priorité à la Banque mondiale. Et avec elle, venait le travail de statut inférieur correspondant. Un passage des opérations à l'information c'était comme un chef d'un grand restaurant « promu » au poste de celui qui doit organiser le lave-vaisselle. Il savait que ce changement n'aiderait pas sa carrière.

Mais Denning croyait à la puissance de la gestion des connaissances. « En tant que premier défenseur de l'informatique personnelle qui avait ressenti l'exaltation et la libération qu'elle offrait, j'avais une petite idée du potentiel. » Il savait donc que s'il réussissait, les bénéfices pour la Banque mondiale seraient énormes. Il devait juste trouver le moyen de montrer à ses collègues le potentiel de l'idée. Après mûre réflexion, Stephen Denning décida d'accepter le défi.

Mais cela ne fonctionna pas comme il l'avait espéré. Denning se souvient avoir rôdé dans les couloirs de l'entreprise et de la cantine à la recherche de personnes à convaincre. Il les invitait alors dans son bureau et leur expliquait l'importance de la gestion des connaissances. Ou, si cela ne fonctionnait pas, il essayait de les persuader sur place. La progression était lente et douloureuse. « J'ai trouvé que c'était difficile d'avoir quelqu'un qui écoute, » se rappelle-t-il. « La plupart des gens ne pouvait ou ne voulait pas comprendre une idée qui me semblait si évidente et logique. »

Et pour chaque argument qu'il avançait, il avait 2 contre-arguments en retour. « Pour eux, la notion (de gestion des connaissances) était étrange », affirmait Denning. Et puis, curieusement, elle arriva à l'ordre du jour d'une réunion mondiale de la haute direction. Mais son excitation initiale s'évapora rapidement quand il vit le planning. « J'étais consterné. Une simple demi-heure avait été allouée. Et pire encore, 2 autres intervenants étaient mis dans le même créneau horaire. » Cela lui laissait juste 10 minutes pour convaincre l'assemblée. Un défi impossible. Finalement, Denning fit un pari de dernière minute et adopta une approche totalement différente. Plutôt que d'élaborer un argumentaire, il décida de raconter une histoire :

En juin 1995, dans une toute petite ville de Zambie, un soignant alla sur le site internet des Centres pour le contrôle et la prévention des maladies et obtenu la réponse à une question sur le traitement du paludisme. Rappelez-vous que c'était en Zambie, l'un des pays les plus pauvres du monde, dans un endroit minuscule à plus de 600 kilomètres de la capitale. Mais ce qu'il y a de plus frappant dans cette image, du moins pour nous, c'est que la Banque mondiale n'y est pas. Malgré notre savoir-faire sur toutes sortes de problèmes liés à la pauvreté, cette connaissance n'est pas disponible pour les millions de gens qui pourrait en faire l'usage. Imaginez qu'elle le soit. Pensez à l'institution que nous pourrions devenir !

Sur scène, il remarqua un langage corporel positif de la part du public. Il sentit qu'il les avait accrochés. Et quand il eut terminé, au lieu de l'habituel « cela ne marchera jamais pour nous » et « cela ne correspond pas à notre métier », il reçut une réaction tout à fait différente. Le public demanda « Pourquoi ne le faisons-nous pas ? » Voici comment Denning se souvient de la discussion qui suivit :

Je dis que nous devons persuader toute l'organisation d'accepter la stratégie et que tout le monde n'y croit pas encore. « Pourquoi pas ? » persistaient-ils dans une sorte d'excitation. « Quel est le blocage ? » L'élément qui semble un peu étrange à propos de ces échanges, c'est que les questions sont formulées comme s'il s'agissait de leur idée qui était discutée et non la mienne. Ils s'adressent à moi comme s'ils avaient découvert l'idée du partage des connaissances comme une stratégie organisationnelle et que je suis celui qui freine le progrès.

L'anecdote de la Zambie donna finalement à Denning la percée dont il avait besoin. Cela aida les dirigeants de la Banque mondiale à envisager un avenir différent pour leur institution. Et donc ils embrassèrent l'idée. Elle devint la leur. Pendant quelques mois, il y eut de plus petites batailles à gagner. Mais les désaccords ne duraient jamais longtemps. Et le 1er octobre, six mois après la réunion, le président de la Banque mondiale, Jim Wolfensohn annonça que la gestion des connaissances allait être la pierre angulaire de la stratégie. Et c'est resté ainsi depuis.

...

Les anecdotes semblent avoir la capacité d'impliquer les gens, de leur faire prendre soin du message. Lorsque Denning devint responsable de la gestion des connaissances à la Banque mondiale, le sujet n'était pas une priorité. Ce n'était pas un sujet dont les gens se souciaient. Il tenta de leur faire comprendre et de les convaincre du contraire. Mais cela ne l'emmena pas loin. En dernier recours, il essaya quelque chose de différent. Il tendit la main avec une anecdote. Cela fonctionna.

Mais pourquoi l'anecdote fonctionna contrairement à ses arguments ? Parce que son anecdote de la Zambie permis à l'assemblée de s'impliquer :

> Si les auditeurs sont stimulés à penser activement aux implications [d'une idée], ils peuvent comprendre l'intérêt de faire les choses d'une manière différente. Quand une anecdote fait bien son travail, les esprits des auditeurs se précipitent pour imaginer des implications plus poussées quant à l'élaboration de cette même idée dans d'autres contextes, plus intimement connus d'eux-mêmes.

L'expérience de Denning nous montre que les anecdotes, en plus d'améliorer l'adhésion à une idée, fournissent un deuxième avantage. Les anecdotes impliquent. Quand les auditeurs s'impliquent, ils sont capables d'imaginer de nouvelles perspectives d'idées avec un minimum d'orientation. Les anecdotes ont tendance à mettre notre cerveau sur un mode différent, différent du « mode critique » quand nous évaluons rationnellement l'information que nous recevons. Comme le souligne l'expert en narration, David Hurchens : « les anecdotes mettent les auditeurs dans une orientation différente. Quand les gens entendent une bonne histoire, ils lâchent leurs stylos et crayons, ouvrent leur posture et écoutent tout simplement. » Les anecdotes dépassent notre mode critique. Elles vont droit au cœur.

3.
Le cœur du changement

Avec l'aide de Deloitte Consulting, John Kotter et Dan Cohen ont interviewé 400 personnes de 130 organisations à travers le monde. Leur objectif… découvrir comment le changement se produit dans les organisations. Les résultats surprenants sont présentés dans : *The Heart of Change*.

> Notre principale conclusion, pour faire simple, c'est que la question centrale n'est jamais la stratégie, la structure, la culture ou les systèmes. Tous ces éléments, et d'autres, sont importants. Mais le cœur de la question c'est toujours changer le comportement des gens, et le changement de comportement se produit dans des situations très réussies, surtout en parlant aux sentiments des gens… Dans les efforts de changement très réussis, les gens trouvent des moyens d'aider les autres à voir les problèmes ou les solutions d'une manière qui influence les émotions, pas seulement la pensée… Inversement, dans les cas moins réussis, on retrouve moins souvent, voire pas du tout, ce modèle voir-sentir-changer.

En d'autres termes, c'est une connexion émotionnelle qui donne le coup d'envoi aux voyageurs, pas la rationalité de l'idée elle-même. Cela vient comme une surprise. La plupart d'entre nous optons pour une approche « mentale » (*head*) pour convaincre les autres de notre excellente idée. Nous recherchons les meilleures pratiques, compilons quelques graphiques bien choisis, énumérons tous les avantages et organisons nos résultats dans une présentation PowerPoint intelligente. Mais Kotter et Cohen soulignent qu'un cadre rationnel, la connexion avec la tête (*head*), n'est efficace que lorsque « les paramètres sont connus, les hypothèses sont minimes et le futur n'est pas flou ». Par exemple, lorsque vous devez choisir un itinéraire différent pour travailler ou acheter un cadeau pour un ami. Quand la plupart des paramètres sont inconnus et que l'avenir est flou, des mots qui résument à merveille un parcours stratégique, l'approche rationnelle à elle seule ne fonctionne pas. Pourquoi ? En raison du niveau d'incertitude de l'inconnu que la nouvelle situation apporte. Et les arguments rationnels n'aident pas à surmonter cette réticence au changement.

Les recherches de Kotter et Cohen révèlent que la séquence de changement dans la réussite liée aux efforts pour changer n'est pas analyser-penser-changer mais plutôt voir-sentir-changer. Ils ont découvert qu'en montrant aux gens un problème et une solution potentielle d'une manière très concrète et convaincante, cela réduit les émotions négatives qui bloquent l'exécution. Pensez à des sentiments tels que la complaisance, le pessimisme, la confusion et la panique. Cela augmente également les émotions positives qui aident à adopter l'idée. Pensez à des sentiments tels que la passion, la foi, la confiance, l'urgence, l'espoir et la fierté.

Denning a choisi d'atteindre le cœur lorsqu'il a vu que son approche rationnelle seule ne fonctionnait pas. Avec l'anecdote de la Zambie, il a permis aux dirigeants de voir les possibilités de la gestion des connaissances *(voyez ce que la gestion des connaissances peut faire pour les gens, imaginez que nous puissions fournir ce genre de connaissance, pensez à l'institution que nous pourrions devenir !)*

Vous vous souvenez de Donald Berwick et de sa campagne pour sauver 100 000 vies ? Berwick savait qu'il y aurait beaucoup de résistance au changement. C'est une chose de savoir qu'il y a beaucoup de gens qui meurent d'actes répréhensibles dans les hôpitaux, mais c'en est une autre d'admettre que cela se passe dans *votre* hôpital. S'il voulait que les hôpitaux adoptent les 6 tactiques pour éviter les décès injustifiés, il devait d'abord leur faire admettre que leur hôpital n'était pas parfait. Il savait que les statistiques ne l'aideraient pas. Tout le monde les connaissait déjà *(vous vous rappelez du rapport historique de l'Institut Américain de*

Médecine ?). Pour réussir, il devait atteindre leur cœur. Il devait les faire se sentir différents. Comment ? Il devait réduire leurs émotions négatives *(la complaisance : il n'y a rien que nous puissions faire, la peur : nous aurons des tonnes de procès si nous admettons quelque chose, la panique : je vais perdre mon emploi s'ils le découvrent),* et renforcer celles qui sont positives *(la fierté : je suis fier de faire partie d'une campagne qui va sauver 100 000 vies, la foi : cette fois nous pourrons faire la différence.)*

L'une des choses que Berwick a faites était de demander à Sorrel King de monter sur scène. King raconta une histoire poignante sur le décès de son bébé, Josie, qui était morte de déshydratation aiguë et d'un mauvais usage de sédatifs. Deux erreurs d'inattention humaines. Mais l'histoire de King n'était pas amère. Son histoire transmettait clairement le message d'erreur hospitalière, mais elle contenait aussi un très grand espoir pour l'avenir. Voici comment King termina son histoire :

> En plus de notre tristesse accablante et de notre immense chagrin, nous étions consumés par la colère. On dit que la colère peut vous faire l'une des deux choses. Elle peut vous faire pourrir ou vous propulser vers l'avant. Il y avait des jours où tout ce que je voulais c'était détruire l'hôpital et mettre un terme à ma propre souffrance. Mes 3 enfants restants étaient ma seule raison de sortir du lit et de me mette en marche. Un jour, je leur dirai comment ils m'ont sauvé la vie. Mon mari Tony et moi avons décidé que nous devions laisser la colère nous faire avancer. Que nous ferions quelque chose de bien qui aiderait à éviter que cela ne se reproduise sur un enfant.

4.
Un emballage stratégique

Kotter et Cohen nous enseignent une leçon importante. Souvent, nous croyons que les autres seront motivés pour nous aider à porter notre idée géniale jusqu'à la ligne d'arrivée. Si seulement nous pouvions leur faire comprendre notre idée. Mais les gens sont réticents au changement quand il y a beaucoup d'incertitude (ce qui est toujours le cas dans un parcours stratégique, n'est-ce pas ?). Pour surmonter cette inertie, nous devons faire en sorte que les voyageurs se soucient de notre idée avant toute chose. C'est la connexion émotionnelle qui donne le coup d'envoi aux voyageurs. Les stratèges qui réussissent visent le cœur d'abord.

Les anecdotes sont des conducteurs émotionnels formidables. Les anecdotes, contrairement aux présentations Powerpoint ou aux feuilles de calcul Excel, ont la capacité de déclencher une réaction émotionnelle et de faciliter les connexions au cœur *(heart)*. Le pouvoir du storytelling n'est pas nouveau. Il est connu depuis des milliers d'années. Et il a servi de nombreuses cultures. Les aborigènes d'Australie utilisent les histoires comme accessoire pour transmettre des messages importants sur la terre et leur culture. La communauté Sto:lo au Canada se concentre sur le renforcement de l'identité de leurs enfants en racontant des histoires sur la terre pour décrire leurs rôles. Les politiciens n'ont pas peur d'utiliser un peu de drame et de storytelling pour faire passer leur message. Et les professionnels du marketing sont avant tout des storytellers, comme le souligne le maître en la matière, Seth Godin.

Les stratèges aussi peuvent bénéficier du pouvoir du storytelling. Les histoires peuvent nous aider à augmenter l'adhésion au message et impliquer les voyageurs émotionnellement dans nos idées.

Revenons au dilemme des boîtes aux lettres de Lisa et tentons notre chance. Vous vous souvenez du choix auquel elle devait faire face ? L'efficacité contre la satisfaction client. Nous avons été en mesure de l'aider en fournissant une liste de non et des informations de priorisation supplémentaires. Mais Lisa n'est pas la seule factrice de l'entreprise. Elle a 8 000 collègues, probablement tous aux prises avec le même compromis stratégique. Pour les aider, voyons si nous pouvons emballer une histoire autour de son expérience :

Lisa Parker, une factrice de la région de Chicago, rencontrait des difficultés avec sa tournée quotidienne. Elle voulait finir dans les temps, mais elle voulait aussi s'impliquer avec ses clients. Et cela demandait du temps. Comme elle ignorait comment résoudre le problème, elle souleva la question lors d'une réunion d'équipe. À sa grande surprise, la plupart de ses collègues se débattaient avec le même problème.

Avec l'aide du chef d'équipe Eric Reed, ils conçurent un programme appelé « 3 fois, 5 mn par jour. » L'idée était très simple. Ils savaient qu'ils ne pouvaient pas s'arrêter et parler à tout le monde. Mais ils savaient aussi que le nombre de clients qu'ils rencontraient au cours d'une journée moyenne était plutôt limité, car la plupart des gens étaient au travail. Donc, leur objectif était de parler avec 3 clients pendant 5 minutes par jour. Cela signifiait qu'ils pouvaient terminer leur tournée dans les délais convenus et s'impliquer avec leurs clients. Un groupe pilote de 10 facteurs, dont Lisa, participa à un programme de formation de 90 minutes sur la façon de démarrer, de mener et de mettre fin à une conversation-client de 5 minutes.

Le concept était simple, mais brillant. Peu de temps après son lancement, cela devint un sport de repérer des clients. Un facteur dit, « C'est comme observer les oiseaux. Il y a des clients que vous voyez tous les jours et d'autres qui semblent se cacher et il faut partir à leur chasse. Ce sont eux qui apportent une réelle satisfaction. » Ils gardaient en mémoire les scores en utilisant les numéros des maisons pour chaque client à qui ils parlaient, essayant de rencontrer chaque personne derrière chaque porte au moins une fois. Certains sonnaient aux portes de manière proactive et se présentait. Et quand quelqu'un arrivait enfin à parler à un client « rare », ses collègues l'applaudissaient à la fin de la journée. « Cela nous a vraiment aidé à renforcer la satisfaction client en prenant en compte les contraintes d'efficacité que nous avons », dit Lisa avec enthousiasme.

Avez-vous remarqué que le message central est le même ? L'efficacité prime toujours. La seule différence est le contexte de la décision. J'ai emballé une anecdote autour d'une idée principale, une qui correspond au contexte d'un facteur. Et en faisant cela, j'ai réalisé 2 choses. D'abord, j'ai amélioré l'adhésion à l'idée (*il est plus facile de se souvenir du message central avec une telle anecdote, c'est aussi plus amusant à partager.)* Deuxièmement, je donne à l'idée une charge émotionnelle pour faciliter la connexion au cœur (*heart*). (*La foi : cela ne semble pas insurmontable, je peux le faire aussi. La fierté : voir ce que mes collègues ont fait. Combattre la complaisance : c'est possible de parler à mes clients et de revenir à temps. L'enthousiasme : je veux aussi être un « observateur de clients »*). Maintenant, imaginez que les dirigeants de l'entreprise de Lisa utilisent des anecdotes comme celle-ci pour transmettre leur idée principale aux voyageurs sur le chemin de l'exécution.

5.
L'anecdote de Jared Fogle

À présent, vous vous demandez peut-être comment les stratèges créent ces anecdotes. La réponse pourrait vous surprendre. Les stratèges n'inventent pas des anecdotes. Ils les découvrent, de la même manière qu'un sculpteur sculpte une statue en pierre. Stephen Denning n'a pas inventé l'anecdote de la Zambie qu'il a utilisé. Il l'a entendu à la cafétéria en mangeant un sandwich au jambon. Et il a vu son potentiel caché, comme un sculpteur qui regarde une pierre :

> Mon collègue et moi échangions des anecdotes et discutions de l'idée du partage des connaissances. Il me raconta quelque chose qui lui était arrivé récemment. Il voyageait en Afrique, en Zambie, un pays de la taille de la France, mais avec seulement un cinquième de la population et des revenus très bas, où il travaillait sur un projet d'investissement visant à améliorer les services de santé aux familles, en particulier aux mères et enfants. Il vint alors à la rencontre d'un soignant à Kamana, une petite ville située à plus de 600 km de la capitale Lusaka. Le soignant essayait de trouver la solution à un problème dans le traitement du paludisme. À l'époque, l'histoire de la Zambie était juste une anecdote fascinante. Mais plus tard, j'ai réalisé que l'exemple pouvait être intégré dans mon arsenal d'arguments. Cela montrait que l'idée de partager un savoir-faire n'est pas complètement abstraite et hypothétique.

Donc un stratège n'est pas un romancier, mais plutôt un collectionneur d'histoires diligent. « Tel que je le vois », dit Tom Peters dans son livre *Leadership*, « une dirigeante efficace, qui fait sa tournée dans son entreprise, doit poser une et une seule question : « Avez-vous une bonne anecdote ? » Chip et Dan Heath, que nous avons rencontrés plus tôt, illustrent le processus de découverte d'une histoire par une très belle anecdote à propos de Jared, un étudiant obèse qui s'est mis à manger de la malbouffe pour perdre du poids.

À la fin des années 90, Jared Fogle était gravement en surpoids. Nous parlons d'un peu plus de 192 kilos, de chemises taille XXXXXXL et de pantalons de plus de 150 centimètres de tour de taille. Le père de Jared, un médecin généraliste à Indianapolis, lui disait de faire attention à son poids depuis des années. Mais l'effet était presque nul. Ce n'est que lorsque son compagnon de chambre, un étudiant en médecine major de sa promotion, remarqua ses chevilles enflées et diagnostiqua à juste titre un œdème, une condition dangereuse qui entraîne du diabète et des problèmes cardiaques, que Jared reçut la sonnette d'alarme dont il avait besoin.

D'ici les vacances de printemps, Jared avait décidé de perdre du poids et de rester en bonne santé. Il avait vu la campagne publicitaire de Subway « 7 moins 6 » (7 subs en-dessous de 6 grammes de gras) faisant la promotion de sa gamme de sandwichs sains. Il se mit en route pour le Subway le plus proche. Il goûta son premier club à la dinde et le trouva bon. Ce jour-là, Jared décida de commencer son propre régime tout-Subway, un sub végétarien de 30 cm pour le déjeuner et un sub à la dinde de 15 cm pour le dîner. C'était une décision qui allait changer sa vie.

Pendant 3 mois, Jared respecta scrupuleusement son « régime Subway », comme il l'appelait. Au cours de cette courte période, Jared perdit environ 45 kilos. Il décida de continuer sur sa lancée et, dès qu'il en fut physiquement capable, il commença à marcher partout.

Un jour, il tomba sur Ryan Coleman, son ancien camarade de chambre. Coleman était subjugué par sa transformation. Inspiré, il écrivit un article pour l'*Indiana Daily Student*, dans lequel il décrivait ce à quoi ressemblait la vie de Jared obèse. La conclusion de l'article donnait du crédit à la participation de Subway dans la prouesse de Jared, « Subway m'a aidé à me sauver la vie et à recommencer à zéro. Je ne pourrais jamais les remercier assez. »

Les chaînes de fast-food sont rarement mises à l'honneur dans le changement pour le mieux de la santé de quelqu'un. L'anecdote a été reprise par un journaliste de *Men's Health* qui préparait un article sur « Les régimes fous qui marchent ». Sans entrer dans les détails ni même en mentionnant le nom de Jared, il parla du « Régime aux sandwichs Subway » et des « sandwichs Subway » en général.

Mais cette mention était suffisante pour être repérée par le propriétaire de la franchise Subway, Bob Ocwieja. Il remarqua instantanément le potentiel publicitaire dans cette histoire. En tant que président du fond fiduciaire régional pour la publicité, Ocwieja devait déjeuner avec son agence, le bureau de Chicago du Groupe Publicis. Ils avaient déjà réservé un spot publicitaire pour janvier, mais ils écoutèrent quand même l'idée d'Ocwieja.

Après la réunion, le directeur artistique de Publicis, Richard Coad, était amusé et intrigué par l'idée d'Ocwieja. Il décida d'y donner suite. Il envoya donc un de leurs stagiaires à Bloomington, en Indiana, pour retrouver le mystérieux « mec du Subway ». La recherche s'est avérée être beaucoup plus facile que prévu. Le stagiaire commença par visiter le Subway le plus proche du campus de l'Université de l'Indiana. Et l'employé de comptoir sut immédiatement qu'il parlait de Jared.

Victorieux et confiant d'avoir découvert une anecdote géniale, Coad fit remonter l'idée à son patron Barry Krause, qui contacta le directeur marketing de Subway. Mais ce dernier, tout juste nommé, n'était pas très enthousiaste. Il ne pensait pas que l'anecdote fonctionnerait. « Fast-food ne rime pas avec santé », affirma-t-il à Krause. Et même si c'était le cas, cela engendrerait une tonne de questions juridiques en raison de nos dénégations de responsabilité.

Mais Krause et Coad n'allaient pas abandonner si facilement. Si Subway n'était pas prêt à lancer une campagne au niveau national, certains franchisés régionaux Subway l'étaient. Mais les franchises payent normalement que pour gérer les spots publicitaires. Qui paierait pour qu'ils soient faits ? Krause, maintenant complètement convaincu de la puissance de l'histoire de Jared, vint à la rescousse. Il décida de faire les spots gratuitement.

La première publicité fut lancée début janvier 2000, juste à temps pour l'assaut des résolutions de régimes pour la nouvelle année. L'annonce montrait une photo de Jared devant sa maison avec son vieux pantalon de plus de 150 centimètres de tour de taille et décrivait son régime Subway, en incluant, bien sûr, la clause légale limitative de responsabilité obligatoire.

L'histoire fut un *home run*. Jared devint instantanément célèbre. Le lendemain, USA Today appela, ainsi que ABC, et Fox News. Et le troisième jour, ce fut Oprah Winfrey. En quelques jours, le bureau national de Subway appela pour demander si l'annonce pouvait être adoptée pour une distribution nationale.

Résultat ? Les ventes de Subway, stables en 1999, ont fait un bond de 18% en 2000 et un autre bond de 16% l'année suivante. Subway travaille toujours avec Fogle aujourd'hui. Une campagne de 2008 célébra une décennie entière du maintien de sa perte de poids. Et en 2013, ils célébrèrent le cap des 15 ans. Alors que Jared est le véritable héros de l'histoire de la perte de poids, Ocwieja et Co méritent aussi le crédit. Ce sont eux qui ont vu le vrai potentiel de l'histoire.
Ils l'ont révélée.

CHAPITRE 7

Grimper l'échelle de l'engagement

Il n'y avait que 6 personnes dans la salle de conférence. Et cela était inhabituel étant donné que Peter Wood, le vice-président des opérations menait la discussion. Mais la pression exercée sur tout le monde par le département des Finances pour clore les budgets ne leur laissait que peu de temps.

À 9h15, 15 minutes plus tard que prévu, la réunion mensuelle du comité de suivi des projets, commença. Ce fut une session difficile. Il y avait quelques livrables en suspens en raison d'un retard important dans le nouveau logiciel. Mais Peter poussa fort l'équipe et, après 2 heures, ils trouvèrent une liste d'actions solides pour remettre les problèmes du projet sur la table.

Près de la fin, Peter regarda l'heure et dit : « Les gars, merci pour votre aide. Je sais que ce sont des moments difficiles. Mais il est crucial pour l'avenir de l'entreprise que nous finissions ce projet. » Quelques personnes autour de la table hochèrent la tête. « Est-ce que j'ai votre engagement pour le plan d'action ? » continua Peter, regardant autour de lui. Maintenant, les 5 personnes acquiescèrent d'un signe de tête.

Marion Campbell se sentait bien. C'était habituel après ces réunions de suivi. Les projets étaient sa vie. Elle savait que les défis à venir étaient difficiles, mais cela faisait partie du plaisir. Elle était impatiente de faire tout ce qu'il fallait pour faire avancer les choses.

Ivan Mitchell était stressé quand il sortit de la réunion. Pas parce que la réunion s'était mal passée. Au contraire, il admirait beaucoup la façon dont Peter traitait les problèmes. Ni à cause du projet. Il était un grand partisan de la nouvelle initiative stratégique. Non, Ivan était stressé à cause des contraintes de temps. Si seulement ils lui avaient donné les ressources supplémentaires qu'il avait demandées, les choses seraient plus simples. Il s'arrêta, songea à revenir pour les demander, mais décida rapidement que non et continua son chemin. On les lui avait refusées deux fois auparavant. Il n'y avait donc aucune raison d'aller dans un troisième rejet. « Je ferai de mon mieux et je verrai où cela nous mène », se dit-il. « Je suis sûr que les autres font face à des problèmes de ressources similaires. Ils en auront probablement fait moins que moi. Peter pourra passer sa colère sur eux. » Se sentant beaucoup mieux, il monta dans l'ascenseur et appuya sur le bouton du 6ème étage.

James Turner était surpris que Peter ait obtenu l'accord de tous sur les points d'action. Il s'attendait au moins à une résistance. Il savait que plusieurs collègues ne soutenaient pas le projet. Mais aujourd'hui, ils semblaient tous être d'accord. « Peut-être parce que certains des acteurs clés n'étaient pas dans la réunion », pensa-t-il en se précipitant hors de la salle de conférence. James pris en note mentalement de passer quelques coups de fil informels la semaine suivante. Il voulait savoir comment ils se sentaient réellement à propos du travail supplémentaire. « S'ils respectent tous leur promesse, je devrai libérer quelques personnes du projet de chaîne d'approvisionnement pour faire faire le travail que j'ai accepté de faire » décida-t-il. « Sinon, j'aurais l'air idiot au prochain comité de suivi. »

Immédiatement après la réunion, Helen Parker vérifia sur son téléphone si elle n'avait pas reçu de messages de Thomas. Depuis sa promotion, elle tenait à lui plaire. Et devoir aller à ces réunions de projets stupides simplement pour représenter son département, ne l'aidait pas.

Elle devait se concentrer sur les parties importantes de son travail. « Réunion avec un nouveau fournisseur dans la salle 15.03. Besoin de toi dès que possible, » lu-t-elle. En courant vers l'ascenseur, maudissant son retard, le plan d'action s'évapora de son esprit.

Daniel Cox, l'un des vétérans de l'organisation, rôdait autour de la salle de conférence. Il essaya d'attraper Helen et James, sachant qu'ils n'étaient pas non plus des grands fans du projet. Il savait qu'il devait se contenter de leur exprimer ses frustrations puisque Mark et Debra, les deux plus fervents opposants au projet, n'avaient pas assisté à la réunion. Mais il n'avait pas de chance, ils avaient l'air d'avoir autre chose en tête. James était déjà sur le point de sortir et Helen triturait nerveusement son téléphone. Mais sa chance tourna quand il marcha en direction de son bureau. Il tomba sur Debra. Ils prirent tous deux un café et une cigarette. Il lui dit qu'elle avait fait le bon choix de ne pas partir à l'aventure avec Peter et son stupide projet. Ils devraient tous rester à l'écart la prochaine fois. Ça lui donnerait une bonne leçon.

Un mois plus tard, juste après la réunion de suivi suivante, Peter était complètement épuisé. Le projet était toujours très en retard. « Qu'est-ce qui ne s'est pas bien déroulé ? » songea-t-il. « Tout le monde était d'accord avec le plan d'action la dernière fois. » Il était toujours en train de ruminer quand il entra dans sa quatrième réunion de la journée.

1.
L'échelle du micro-engagement

Le dictionnaire Merriam-Webster définit « être engager » comme « très intéressé, dévoué à. » L'expression la plus simple de l'engagement chez l'homme est le mot *oui*. L'expression la plus simple du désengagement est le mot *non*. « Oui », signifie « Je m'engage et je le ferai. » « Non », signifie « Je ne m'engage pas et je ne le ferai pas. » Oui et non sont le cœur de l'engagement, les molécules de l'atome de l'engagement.

Mais même au niveau micro, l'engagement ne fonctionne pas comme la définition du dictionnaire. *La plupart des oui que nous obtenons, sont des non déguisés.* En étudiant les oui qui vont et viennent entre les individus, j'ai découvert que l'on peut les classer en 5 niveaux. Ensemble, les 5 oui forment *l'échelle du micro-engagement.* Pour comprendre les différents échelons de l'échelle, regardons de plus près l'histoire de Peter. Comme vous l'avez vu, 5 personnes lui ont dit « oui ». Mais comme vous vous en êtes probablement aperçu, seulement le premier oui, celui de Marion reflète un véritable engagement d'exécution. Les autres s'étendent du vague engagement à un véritable boycott d'exécution.

L'échelon le plus élevé sur *l'échelle du micro-engagement* est le *grand oui* de Marion. Il signifie : « Oui, je le ferai quoiqu'il arrive. » C'est le oui que nous désirons. Et c'est le oui que nous devrions donner aux autres. *(C'est aussi le oui que la plupart des gens pensent obtenir quand ils entendent le mot « oui ».)* Quand quelqu'un nous donne un grand oui, nous avons la confirmation que cette personne a pris la pleine responsabilité de la tâche à accomplir. La responsabilité de l'exécution s'est réellement déplacée d'un individu à un autre.

Le deuxième échelon sur *l'échelle du micro-engagement,* c'est le *si j'ai le temps, oui* d'Ivan. C'est le : « Oui, j'aimerais apporter ma contribution à cette idée, mais j'ai tellement d'autres choses à faire que je ne sais pas si je pourrais tout faire à temps. » Quand nous obtenons ce oui, nous obtenons un engagement d'effort. L'individu promet d'essayer s'il a le temps. La tâche sera probablement accomplie jusqu'à un certain point, mais nous n'avons aucune garantie. Ce n'est pas clair si la responsabilité de l'exécution s'est déplacée.

Le suivant est le *oui politique* de James. C'est le « Oui, je pourrais faire ce qui est sur ma liste d'actions mais seulement s'il n'y a aucun autre moyen de l'éviter. » La personne qui donne un oui politique ne veut clairement pas se mouiller. Elle ne s'engagera que si elle voit les autres s'engager aussi. Elle ne se déplace que par intérêt personnel.

Le quatrième échelon sur *l'échelle du micro-engagement* c'est le *oui lâche* d'Hélène. Cette affirmation signifie véritablement : « Oui, je vais dire « oui », mais seulement parce que j'ai peur de perdre ma... (position, influence... ajouter selon le cas). » Cette personne n'est pas du tout convaincue par l'idée mais a peur des conséquences de son honnêteté. Le oui lâche est la solution facile d'un non. Il est souvent utilisé lorsque les individus n'ont pas l'intention de faire le travail, mais veulent reporter le problème jusqu'à ce que les livrables soient dus.

Le cinquième et dernier échelon de *l'échelle du micro-engagement* c'est le *oui guérilla* de Daniel. Il donne un « oui » lors de la réunion uniquement parce qu'il croyait que c'était une tactique plus intelligente pour mener la bataille ailleurs. Il voulait vraiment dire : « Je n'aime pas l'idée et je ferai de mon mieux pour entraver l'objectif général en exprimant mon « non » en privé aux autres, dans l'espoir qu'une mutinerie vous forcera à abandonner votre projet. » Les gens qui donnent un oui guérilla sont contre notre idée. Et ils feront tout ce qui est en leur pouvoir pour saboter son chemin vers le succès.

• • •

Comme Peter, nous croyons souvent que les gens sont attachés à notre idée parce que nous avons un oui. Mais la réalité montre une image différente. Juste parce que quelqu'un dit « oui » à notre idée ne veut pas dire que quelque chose va se passer. La plupart des oui que nous recevons sont des non déguisés.

Il y a quelques années, j'ai fait une petite expérience pour quantifier le problème. J'ai demandé à 50 personnes du monde de l'entreprise de compter le nombre de fois où elles disaient « oui » au travail, en une seule journée. Cela s'est avéré tomber entre 25 et 40 fois, et en moyenne 35 fois. Puis, j'ai demandé anonymement à ces personnes de catégoriser leurs oui, en utilisant les 5 niveaux de l'échelle du micro-engagement. Les résultats étaient époustouflants. Seulement 28% de ces oui étaient catégorisés comme de grands oui. Maintenant, imaginez que vous travailliez pour une entreprise de 1000 personnes. C'est 22 750 expressions de désengagement maquillées en « oui » en une seule journée !

Pour augmenter l'engagement général pour la stratégie, les stratèges doivent trouver un moyen d'augmenter le micro-engagement. Nous devrions aller à la recherche de grands engagements pour les petites choses. Nous avons plusieurs tactiques pour ce faire. La première est directe. Nous devrions remettre en cause tous les oui que nous obtenons et que nous donnons. Dans la pratique, cela signifie que nous ne donnons que de vrais engagements nous-mêmes et mettons au défi les autres pour en faire de même. Cela ne nécessite pas de compétences particulières, seulement le bon état d'esprit. La deuxième tactique est plus difficile. Nous voulons offrir aux membres de l'équipe une alternative pour exprimer un désengagement. Nous voulons faire du mot « non » une alternative acceptable à ces faux oui.

2.
Rendre le « non » acceptable

Quand un homme de 86 ans fut amené aux urgences de Rhode Island après être tombé chez lui, un scanner a révélé qu'il souffrait d'un hématome sous-dural. En d'autres termes, le sang était en train de s'accumuler dans le côté gauche de sa tête, exerçant une pression sur les tissus crâniens. Si le sang n'était pas drainé rapidement, il mourrait.

On appela le neurochirurgien qui était en plein milieu d'une opération de routine. Il s'éloigna de la table d'opération pour regarder les radios de la tête de l'homme et dit à l'infirmier de s'organiser pour que sa femme signe le formulaire de consentement. *(Avant toute intervention chirurgicale, un patient ou un membre de la famille signe un document approuvant chaque procédure et vérifie tous les détails).*

Le patient fut amené dans le bloc opératoire. L'infirmier regarda le dossier médical et le formulaire de consentement du patient. En feuilletant la paperasse, il dit au chirurgien qu'il n'y avait rien dans le dossier qui précisait de quel côté de la tête du patient se trouvait l'hématome.

« J'ai regardé les scanners avant, dit le chirurgien, c'est le côté droit de la tête. Si nous n'agissons pas rapidement, il va mourir.

- Peut-être devrions-nous regarder les images à nouveau ? suggéra l'infirmier en se dirigeant vers l'ordinateur qui s'était verrouillé après être resté quelques temps inutilisé.

- Nous n'avons pas le temps, répéta le chirurgien. Ils m'ont dit qu'il allait y passer.

- Et si on allait trouver la famille ? suggéra l'infirmier.

- Si c'est ce que vous voulez, appelez les putains d'urgences et trouvez la famille ! En attendant, je vais lui sauver la vie, claqua le chirurgien au nez de l'infirmier. Il saisit le dossier, et gribouilla « droit » à côté de ses initiales sur le formulaire de consentement. Voilà, dit-il. Nous devons opérer immédiatement. »

Étant à l'hôpital depuis un an, l'infirmier connaissait bien le fonctionnement. Il avait également vu le nom du chirurgien gribouillé en noir sur le tableau blanc, un signe d'alerte mis au point par l'équipe d'infirmiers pour signifier qu'il ne fallait pas le contredire... ou vous auriez des ennuis. Alors, l'infirmier posa le dossier et se tint debout sur le côté tandis que le médecin ouvrait le côté droit du crâne du patient, pour découvrir qu'il n'y avait pas d'hématome. *Il opérait le mauvais côté de la tête.* Ils tournèrent le patient rapidement, et incisèrent l'autre côté de la tête, trouvèrent l'hématome, et drainèrent le sang. Mais l'opération avait pris presque deux fois plus de temps. On emmena le patient aux soins intensifs. Il mourut deux semaines plus tard.

La famille soutint que le traumatisme de l'erreur médicale l'avait condamné. Et que si ça n'était pas à cause de cette erreur, il serait toujours vivant. L'hôpital paya des dommages et intérêts et le chirurgien fut interdit de travailler à l'hôpital de Rhode Island à tout jamais.

...

Le Mahatma Gandhi dit un jour : « Il vaut mieux un « non » prononcé par conviction sincère qu'un oui dû au simple désir de plaire ou, pire, d'éviter des ennuis. » Mais, soyons francs, dans la plupart des organisations le mot « non » est un mot tabou, une expression inacceptable utilisée uniquement par les paresseux et les déloyaux.

À l'hôpital de Rhode Island, il y avait des médecins qui n'acceptaient pas qu'on leur dise « non ». Et les infirmiers faisaient ce qu'ils pouvaient pour éviter de devoir le dire. Ils avaient mis au point un système de code-couleur où l'inscription des noms des médecins sur les tableaux blancs était un moyen de s'alerter les uns les autres. Le bleu signifiait « sympa », le rouge signifiait « connard » et le noir « ne pas contredire ou vous aurez des ennuis. » Le médecin qui avait commis cette erreur fatale était étiqueté noir.

Dans un environnement où le « non » est inacceptable, les gens n'osent pas remettre en question les décisions. Dans un tel environnement, les individus ont plus peur des conséquences d'un désaccord que des conséquences d'une mauvaise décision de quelqu'un. Même si des vies sont en jeu. Jetez un coup d'œil à la conversation suivante, dans le cockpit entre le copilote et le pilote, d'une froide journée d'hiver en janvier, peu avant le décollage :

Copilote : Regardez comment la glace s'accroche. Ah, là-bas, vous voyez ça ?

(Il attend)

Copilote : Vous voyez tous ces stalactites à l'arrière, là et tout ?

(Il attend)

Copilote : Eh bien, c'est, c'est une bataille perdue d'avance d'essayer de dégivrer ces trucs, ça vous [donne] une fausse impression de sécurité, c'est tout ce que ça fait.

Peu de temps après avoir reçu l'autorisation de décoller, le copilote exprime son inquiétude pour la quatrième fois.

Copilote : Vérifions encore le dessus [des ailes] puisque nous sommes assis là depuis un moment.

Pilote : Je pense que nous devons y aller dans une minute. Finalement, lorsqu'ils étaient en route pour le décollage, le copilote remarqua que quelque chose n'allait pas avec les indications des réacteurs.

Copilote : Cela ne semble pas bon, n'est-ce pas ? (3 secondes de pause) Ah, ce n'est pas bon.

Pilote : Si c'est bon, on est à 80.

Copilote : Nan, je ne pense pas que ce soit bon. (7 secondes de pause). Ah, peut-être que si.

Quelques minutes plus tard, l'avion de la compagnie Air Florida ne parvint pas à gagner suffisamment de hauteur pour décoller. Il s'écrasa tout près, dans le fleuve Potomac. Il n'y eut que 5 survivants.

3.
Discours atténué

Malheureusement, l'incapacité du copilote à déclencher la bonne décision du pilote n'est pas un fait tragique isolé. Selon le Conseil national de la sécurité des transports des Etats-Unis, ce type d'erreur de communication se produit dans 75% des accidents aériens.

Dans une situation où la vie est potentiellement mise en danger comme le poste de pilotage d'Air Florida ou l'hôpital de Rhode Island, nous nous attendons à ce que les subordonnés soient très explicites dans leur communication. Nous nous attendrions à ce que l'infirmier dise : « Ne faites rien avant que l'on ait la confirmation » et le copilote « Ne décollons pas avant d'avoir vérifié nos ailes à nouveau. » Au lieu de cela, ils ont seulement laissé entendre. Le phénomène de communication qui explique pourquoi les subordonnés minimisent l'importance du sens de leur message quand ils s'adressent à leur boss s'appelle le *discours atténué*. C'est le bandit numéro 5 sur le chemin de l'exécution.

Pour comprendre ce mode opératoire, il est important de réaliser que la communication ne se limite pas au transfert d'information, comme l'infirmier qui fait remarquer qu'il manque des faits dans le dossier ou le copilote qui dit que le dégivrage est une bataille perdue d'avance. Souvent, le locuteur veut aussi influencer le comportement de l'auditeur. Dans nos exemples, l'infirmier voulait que le médecin ait une confirmation avant de décider de quel côté du crâne du vieil homme il fallait percer. Et le copilote voulait que le pilote vérifie à nouveau s'il y avait de la glace avant de prendre la décision de décoller.

Au lieu de suggérer clairement l'action requise, les subordonnés ont tendance à minimiser leurs avis dans la prise de décision. Pourquoi ? À cause des considérations sociales. Des recherches montrent que le statut de l'orateur et celui de l'auditeur influencent le franc-parler de leur discours. Si vous êtes le chef, vous pouvez commander aux autres de faire quelque chose. Cela fait partie du travail. Mais si vous êtes un subordonné utilisant la même commande, vous pouvez être considéré comme menaçant ou impoli. Pour éviter ce genre de confrontation, les subordonnés sont susceptibles d'utiliser des moyens de communication plus polis et indirects. Ils ont tendance à adoucir le message. Ils l'atténuent.

Les chercheurs Ute Fisher et Judith Orasanu ont donné à un groupe de pilotes et de copilotes le scénario hypothétique suivant :

> Pendant le vol, vous remarquez sur le radar météorologique une zone de fortes précipitations à 40 km de là. Le copilote Henry Jones, qui a les commandes de l'avion, maintient son cap actuel à 73 Mach, même si des cumulonimbus ont été signalés dans votre zone et que vous faites face à des turbulences modérées. Vous voulez être sûr que votre avion ne va pas pénétrer dans cette zone. Puis, ils leur demandent : « Que diriez-vous à Jones ? »

Fischer et Orasanu pensaient qu'il y avait au moins 6 façons différentes de persuader le pilote de changer de cap, chacune avec un niveau différent d'atténuation :

1. La commande : « Tournez de 30 degrés à droite. » C'est la forme la plus directe de communication. Il n'y a aucun doute sur l'action demandée. Aucune atténuation ici.

2. La déclaration d'obligation de l'équipage : « Nous devons dévier à droite maintenant. » Cette affirmation est un peu plus douce. Remarquez la forme « nous ». C'est formulé comme une décision commune.

3. La suggestion de l'équipage : « Contournons le temps. »

4. La question : « Dans quelle direction souhaitez-vous dévier ? »

5. La préférence : « Je pense qu'il serait sage de tourner à gauche ou à droite. »

6. L'indication : « Ce qui nous attend à 40 km n'a pas l'air sympathique. » Cette déclaration est la plus atténuée. Remarquez qu'il n'y a même plus de suggestion. La conformité sociale à la hiérarchie a pris le dessus.

Résultat ? Alors que la plupart des pilotes ont déclaré qu'ils donneraient la commande « Tournez de 30 degrés à droite », la plupart des copilotes ont choisi l'indication. À l'hôpital de Rhode Island, nous avons vu l'infirmier utiliser le même type de propos vagues, disant des choses comme « Peut-être devrions-nous regarder les images à nouveau ? » et « Et si on allait trouver la famille ? » Ses interventions montraient qu'il se sentait clairement mal à l'aise avec la décision à venir du médecin. Il craignait que le chirurgien ne choisisse le mauvais côté du cerveau. Mais sa peur de contester la décision du médecin, quelqu'un de plus élevé dans la hiérarchie de l'hôpital et étiqueté par ses collègues comme quelqu'un qui n'accepte pas le « non », était encore plus grande. Et donc, il n'a donné que de faibles indications qui n'ont eu absolument aucun impact sur le changement de la ligne de conduite du chirurgien.

•••

Fisher et Orasanu tenait également à savoir laquelle de ces 6 façons de communiquer était la plus efficace pour corriger les erreurs de décision. En d'autres termes, lorsque nous sentons que quelqu'un s'apprête à prendre la mauvaise décision, *quel est le moyen le plus efficace de l'arrêter ?* Pour trouver la réponse, ils ont donné à 59 pilotes et 57 copilotes des trois plus importantes compagnies aériennes américaines la description de l'incident de la première expérience et un exemple de chacune des options. Les pilotes participants ont été informés que les communications venaient des copilotes. Les copilotes ont reçu la même communication et on leur a dit qu'elles venaient des pilotes. Les participants des deux groupes ont ensuite été invités à évaluer l'efficacité de chaque communication pour les amener à réaliser l'intention du locuteur, changer le cap de l'avion, tout en maintenant un environnement positif parmi l'équipage.

Bien que des différences frappantes aient été constatées dans les méthodes de communication des pilotes et des copilotes, comme l'a illustrée la première expérience, il y avait un accord considérable sur ce qui constituait une communication efficace. Les deux groupes ont sélectionné la déclaration d'obligation de l'équipage (option 2) et la préférence (option 3) comme les plus efficaces. En d'autres termes, les deux groupes se sont mis d'accord sur ce que devrait être une communication efficace dans le poste de pilotage, mais ni les pilotes ni les copilotes n'ont profité de ces connaissances lorsqu'ils étaient véritablement dans un cockpit.

4.

La gestion des ressources de l'équipage

Une fois que l'industrie aérienne eut compris que la principale cause des accidents aériens était l'erreur humaine, combattre le bandit discours atténué dans le poste de pilotage devint une priorité. Leur stratégie de combat ? *La gestion des ressources de l'équipage.*

La GRE donne aux individus le pouvoir de remettre en question les décisions de manière efficace. Chaque membre de l'équipe est encouragé à réfléchir et à débattre ensemble. La méthodologie est fondée sur les caractéristiques observées au sein des équipages qui réussissent, comme partager les opinions ouvertement, regarder les indices sous des angles différents et prendre en compte les alternatives plutôt que de les ignorer.

De nombreuses études montrent les bénéfices de la GRE. Une évaluation a montré une amélioration de la performance des vols de 91%, tandis qu'une autre enquête a indiqué 85%. Et, plus important encore, les accidents liés à de mauvaises décisions ont considérablement diminués. Prenez Korean Air. Autrefois une compagnie aérienne avec l'un des taux d'accidents les plus élevés, elle s'est transformée en adoptant la gestion des ressources de l'équipage. Aujourd'hui, elle est un fier membre de Star Alliance et une des compagnies aériennes les plus sûres au monde. Il y a quelques années, Air Transport World lui a décerné le Phoenix Award en reconnaissance de son incroyable transformation.

Une fois que les histoires de réussite du poste de pilotage commencèrent à se répandre, le secteur médical, qui avait des problèmes de communication similaires dans ses salles d'opération, s'y intéressa.

Ils adoptèrent la GRE. Les infirmiers étaient encouragés à exprimer leurs opinions aux médecins. Et tout le monde fut impliqué dans les débriefings post-mortem pour évaluer la prise de décision. De nombreuses études ont démontré des chiffres tout aussi impressionnants dans la lutte contre le discours atténué : d'une réduction drastique de 58% des erreurs observées et d'une amélioration de 19% de la satisfaction des équipes à de sérieuses réductions de coûts en raccourcissant la durée moyenne du séjour au département des urgences.

Lorsqu'un autre « accident » se produisit, l'hôpital de Rhode Island décida d'utiliser la crise pour faire volte-face. Ils investirent énormément dans l'éducation et enseignèrent au personnel comment exprimer un « non » clair réutilisant le concept de l'équipage dans le secteur aérien. Leurs efforts ont payé. Aujourd'hui, l'hôpital de Rhode Island est l'un des meilleurs hôpitaux des États-Unis. Depuis qu'ils ont adopté la nouvelle approche, aucune erreur de côté ne s'est produite. L'hôpital a également reçu les honneurs de l'université américaine des chirurgiens pour la qualité de ses soins contre le cancer. Et il a gagné un Beacon Award, la reconnaissance la plus prestigieuse pour les soins infirmiers en soins intensifs. L'hôpital de Rhode Island a battu le bandit.

· · ·

La gestion des ressources de l'équipage améliore la prise de décision. Les résultats de la GRE au sein des postes de pilotage et dans les blocs opératoires nous montrent que les copilotes et les infirmiers peuvent efficacement remettre en question les décisions. Ils peuvent exprimer un non clair et suggérer une alternative. Ils ont juste besoin d'apprendre comment.

Et c'est une excellente nouvelle pour nous. *Nous pouvons également améliorer la prise de décision dans notre parcours stratégique en enseignant aux voyageurs comment remettre en question efficacement les décisions.* Les stratèges qui réussissent aident à créer un environnement où les considérations sociales ne bloquent pas la communication efficace. Ils offrent aux membres de l'équipe, une manière universelle et acceptable de montrer leur désengagement. Ils fournissent un cadre pour défier les décisions et offrir des alternatives, tout en gardant l'esprit d'équipe élevé.

Et quand « non » devient un mot acceptable pour exprimer un désengagement, une alternative aux faux oui de l'échelle du micro-engagement, la qualité globale de la décision s'améliore. Et des choses merveilleuses peuvent arriver, tout comme dans l'unité de soins intensifs de cet hôpital.

Un nouveau-né gravement malade se trouvait au sein de l'unité néonatale de soins intensifs, soigneusement surveillé par l'infirmière de garde. Elle était particulièrement vigilante car sa couleur variait d'un rose normal de bonne santé à une couleur grise inquiétante *(la couleur étant une bonne indication de problèmes éventuels)*.

Soudainement, la couleur du bébé changea à nouveau. Mais cette fois, il devint presque noir. L'équipe de soins intensifs se précipita en appelant un médecin et un technicien en radiologie. Ils pensaient que le petit bébé souffrait d'une atélectasie pulmonaire (un problème habituel chez les bébés sous assistance respiratoire) et se préparèrent rapidement, se tenant prêts à percer la poitrine du bébé et insérer un tube pour aspirer l'air autour du poumon et lui permettre de se regonfler.

Mais l'infirmière qui veillait sur l'enfant avait déjà vu cette couleur bleue-noire de mauvaise augure auparavant. Ce n'était pas une atélectasie pulmonaire, pensa-t-elle. Il s'agissait d'un pneumopéricarde, un problème cardiaque, où l'air remplit la poche qui enveloppe le cœur, exerçant une pression suffisante pour l'empêcher de battre. Et elle était terrifiée parce que la dernière fois qu'elle avait vu ça, le bébé était mort avant qu'ils ne le découvrent.

Elle devait les arrêter. Mais en réponse à ses cris : « C'est le cœur ! » et ses appels désespérés pour qu'ils arrêtent leurs préparatifs pour traiter le poumon, ils ont simplement montré le moniteur cardiaque. 130 battements par minute. Un rythme cardiaque parfaitement normal pour un nouveau-né.

Mais l'infirmière refusa d'abandonner. Elle devait trouver un moyen de changer le cours des choses. Après les avoir poussés et ordonné le silence, elle chercha un battement de cœur. Et comme elle s'y attendait, il n'y en avait pas.

Alors qu'elle commençait les compressions, le chef néonatologiste apparut. « Percez le cœur », insista l'infirmière, « c'est une pneumopéricarde. » Son diagnostic confirmé par un scanner, le néonatologiste guida la seringue dans le cœur du garçon libérant instantanément l'air qui l'étouffait. Le cœur recommença à battre.
La couleur du bébé revint à la normale. Sa vie était sauve.

C'était seulement lorsque l'infirmière essaya d'écouter le cœur avec un stéthoscope qu'il était devenu clair que le cœur s'était réellement arrêté. L'air dans la poche autour du cœur l'avait empêché de battre, malgré le fait que les nerfs cardiaques fonctionnaient encore. Mais puisque les moniteurs cardiaques ne mesurent que l'activité électrique et non les battements du cœur, le rythme cardiaque semblait parfaitement normal à tous ceux qui étaient présents dans le bloc... Tous sauf une. L'infirmière avait sauvé la vie du jeune bébé.

CHAPITRE 8

Dépasser son propre intérêt

Qand Roger Bannister a terminé quatrième de la finale du 1500 mètres aux Jeux Olympiques de 1952, il était déçu. Si déçu qu'il a même envisagé d'arrêter la course. Heureusement, il s'est ravisé. À la place, il s'est fixé un nouvel objectif. Un objectif encore plus ambitieux que celui de gagner une médaille aux Jeux Olympiques. Il a alors intensifié son programme d'entraînement et s'est remis au travail.

Deux ans plus tard, Bannister devait courir l'Iffley Road Track, à Oxford. Avec des vents dépassant les 40 km/heure avant le début de la course, il avait tout d'abord envisagé de ne pas participer. Il voulait garder son énergie et tenter sa chance lors d'une autre compétition. Mais, peu de temps avant le début de la course, le vent est tombé et Bannister s'est décidé à courir, accompagné de Chris Chataway et de Chris Brasher en tant que lièvres. Trois mille spectateurs regardaient ces 6 coureurs. Bannister et Brasher ont immédiatement pris la tête. Au terme du deuxième tour, Chataway est remonté, les dépassant. Il était toujours en tête dans le dernier virage, quand Bannister a entamé son sprint final, avec moins d'un demi-tour restant. Une fois les coureurs derrière la ligne d'arrivée, la foule a attendu nerveusement que le speaker Norris McWhirter confirme le temps du vainqueur. « Mesdames, Messieurs, voici les résultats de notre neuvième épreuve, le mile : Premier, le n°41, R.G. Bannister, de l'Amateur Athletic Association et anciennement des Collèges d'Exeter et de Merton, Oxford, avec un nouveau temps record pour cette rencontre et pour cette piste et qui, sous réserve d'être ratifié, serait un nouveau record pour un anglais, un britannique, un record tout participant confondu, un record européen, un record de l'Empire Britannique, et un Record du Monde. Ce temps est de 3... »

Dès qu'elle a entendu le chiffre « 3 », la foule a poussé un rugissement qui a noyé la fin de sa phrase. Le temps final de Bannister était de 3 minutes, 59.4 secondes.

Pendant de nombreuses années, il a été considéré humainement impossible, voir même physiquement dangereux, de courir le mile en moins de 4 minutes. Mais, le 6 mai 1954, deux ans après sa défaite aux Jeux Olympiques, Bannister a réalisé l'impossible. Il a couru le mile sous la barre des 4 minutes. Son exploit était tellement important qu'il a été cité par Forbes comme étant l'un des plus grands exploits sportifs de tous les temps. L'héritage de Bannister est aujourd'hui encore bien vivant. En 2012, il a porté la flamme Olympique dans un stade nommé en son honneur.

Mais, il reste à raconter le côté le plus étrange de cette histoire. En trois ans, l'exploit « impossible » de Bannister a été égalé par 16 autres athlètes. Ils ont *tous* couru le mile en moins de 4 minutes.

1.
La théorie de Bandura

Comment se fait-il que, pendant des décennies, il ait été impossible de courir le mile en moins de 4 minutes ? Qu'une personne, Roger Bannister, ait réalisé, enfin, l'impossible et qu'en trois ans, 16 autres athlètes aient égalé sa performance ? La réponse est simple : ils y croyaient. En pulvérisant ce record insaisissable du mile en moins de 4 minutes, c'est aussi une barrière psychologique que Bannister a détruit. Dans l'inconscient collectif, son exploit a réussi à modifier les réglages par défaut, faisant passer ce qui était « impossible » à l'état de « possible ». D'autres coureurs ont ainsi vu la ligne d'arrivée à leur portée. Leur manque de foi ne les retenait plus. Pour trouver une explication plus élaborée à l'événement sportif le plus incroyable du 20ème siècle, il nous faut comprendre les dynamiques particulières qui permettent aux êtres humains de croire.

Si tout le monde est capable de choisir un objectif, rares sont ceux qui poursuivent leurs efforts et atteignent leurs buts avec succès. Il suffit de penser aux 88% des personnes qui ne respectent pas leurs résolutions du Nouvel An. Albert Bandura, un des psychologues les plus influents des 50 dernières années, a trouvé une clé pour augmenter le taux de réussite. Il a découvert que l'efficacité personnelle d'un individu, *sa croyance en ses propres capacités de succès*, jouent un rôle déterminant dans l'accomplissement ou l'échec d'un objectif donné.

La Théorie de Bandura établit que les individus qui croient en leur propre réussite partagent quatre points communs : 1) Ils considèrent les problèmes difficiles comme des tâches à maîtriser ; 2) Ils témoignent d'un profond intérêt pour les activités auxquelles ils participent ; 3) Ils font preuve d'un sens de l'engagement plus fort vis-à-vis de leurs intérêts et de leurs activités ; et enfin 4) Ils se remettent plus rapidement de leurs échecs et de leurs déceptions.

On peut facilement imaginer que Roger Bannister devait avoir une croyance phénoménale en ses propres capacités. Il s'est directement relevé de sa défaite aux Jeux Olympiques (*caractéristique 4*). Il a envisagé de courir 1500 mètres en moins de 4 minutes, un défi que personne ne considérait possible, comme une tâche, en décomposant cet objectif général « inatteignable » en plusieurs petites actions, chacune plus simple à réaliser (*caractéristique 1*). Il a essayé et testé des techniques d'entraînement innovantes avec une passion scientifique (*caractéristiques 2*). Et si vous observez ces 3 facteurs en tenant compte de son programme d'entraînement éreintant, force est de constater qu'il est dur de trouver quelqu'un de plus déterminé à courir 1500 mètres en moins de 4 minutes que Roger Bannister (*caractéristique 3*).

Bannister croyait en son succès. Et c'est sa croyance qui a poussé son corps et son esprit à puiser dans ses ressources pour réussir. Il ne s'est pas assis en décidant délibérément de donner plus de lui-même pour atteindre cet objectif, ou de se remettre plus rapidement de sa déception des Jeux Olympiques. Tout cela s'est produit automatiquement quand il s'est mis à y croire. Bannister est devenu le premier être humain à courir 1500 mètres en moins de 4 minutes parce qu'il *croyait véritablement qu'il en était capable.*

...

La Théorie de Bandura dit que nos performances s'améliorent significativement si nous croyons en notre réussite. La croyance déclenche un ensemble de processus humains qui facilitent l'accomplissement des objectifs que l'on s'est fixé. La croyance nous permet de creuser davantage, de nous relever plus vite et de continuer plus longtemps. En faisant cela, nous améliorons considérablement nos chances d'atteindre la ligne d'arrivée.

La manière dont nous nous voyons accomplir une tâche et la foi que nous avons en nos capacités de l'accomplir, viennent de notre plus tendre enfance. Quand on est enfant, on doit faire face à une grande variété d'expériences, de tâches et de situations. Cela détermine la manière dont nous nous voyons. Mais, la croissance de notre efficacité personnelle ne s'arrête pas le jour de nos 18 ans. Tout comme on peut acquérir de nouvelles capacités, faire de nouvelles expériences et comprendre de nouvelles choses, nous pouvons également développer notre foi en nos capacités. *Nous pouvons développer notre confiance en nous-mêmes.* Et c'est une très bonne nouvelle. Cela signifie que nous pouvons tous puiser dans les bienfaits de la croyance. Selon la Théorie de Bandura, il existe quatre sources principales desquelles nous pouvons nous inspirer :

1. Nos réussites passées : *"Je l'ai déjà fait, donc je peux le refaire"*
2. Le mimétisme : *"S'il peut le faire, je peux aussi le faire"*
3. La persuasion verbale : *"Tu peux le faire !"*
4. La stimulation émotionnelle : *"Les inconforts que je ressens ne sont que des inconforts"*

De ces 4 sources, la première est la plus solide. Nos réussites passées ont un impact plus important sur notre système de croyance. En réalisant brillamment une tâche, nous renforçons notre sens d'efficacité personnelle. *Nos réussites passées nous font croire que nous pourrons réussir à nouveau dans le futur.* Bannister a puisé dans ses réussites passées pour alimenter sa foi. Le 2 mai 1953, il a essayé de battre le record britannique à Oxford. Suivi par Chris Chataway, Bannister a couru en 4min03.6 secondes, explosant le record de Wooderson qui datait de 1945. « Cette course m'a fait réaliser que courir 1500 mètres en 4 minutes n'était pas hors de portée », a dit Bannister après-coup. Sa croyance a également été confortée par la maitrise des sous-tâches qu'il s'était fixées. Il a couru avec succès 7 séries d'affilée de 800 mètres avec un temps moyen de 2min03, 10 séries de 400 mètres d'affilée avec un temps moyen de 58.9 secondes, 1,2 kilomètres en 2min59.8, et 800 mètres en 1min54.

Voir d'autres personnes réussir est la deuxième source la plus importante pour booster notre confiance en nous-mêmes. Bandura avance que « Voir des gens qui nous ressemblent réussir en réalisant un effort continu stimule l'observateur, qui croit alors qu'il possède aussi les capacités requises pour maîtriser des activités comparables et réussir à son tour. » En d'autres mots, *s'il peut le faire, je peux le faire moi aussi.* De toute évidence, le mimétisme permet d'expliquer pourquoi ces 16 coureurs ont été capables de courir 1500 mètres en moins de 4 minutes *après* l'exploit de Bannister, plutôt qu'*avant*. Sa réussite a déclenché leur système de croyance. Sa course était un signal qui disait, « Si Bannister peut le faire, je peux le faire ». Et leur nouvelle foi leur a permis de puiser dans des ressources qu'ils n'avaient jusque-là pas envisagées. Ils n'avaient jamais eu de modèle. Après la course incroyable de Bannister, ils en avaient trouvé un. Et il les a fait courir plus vite qu'ils n'avaient jamais couru.

La troisième dynamique qui alimente la croyance est la persuasion verbale. Les gens sont sensibles à l'opinion des autres. On peut nous convaincre de croire. Repensez simplement à une fois où un ami vous a encouragé. Obtenir un encouragement verbal des autres nous aide à surmonter notre doute, et à donner le meilleur de nous-même pour affronter la tâche à accomplir. Cependant, la persuasion verbale est un outil à double tranchant. *Des mots positifs permettent d'accroître notre foi, tandis que des mots négatifs la réduisent.* Et cela ne fait que prouver qu'il est plus facile de réduire l'efficacité personnelle de quelqu'un en le décourageant qu'il n'est facile d'accroître son efficacité en l'encourageant. Avant la course historique de Bannister, tout le monde disait qu'il était impossible de courir 1500 mètres en moins de 4 minutes. Ces commentaires négatifs avaient fait leur chemin dans l'esprit de ces 16 coureurs, avant qu'ils ne réussissent. Ils étaient verbalement conditionnés à échouer. C'était comme si quelqu'un leur disait : « Tu ne peux pas y arriver ».

La quatrième et dernière source dont nous pouvons nous inspirer pour augmenter notre croyance en notre réussite, est notre capacité à gérer nos réactions émotionnelles face à des situations stressantes. Les humeurs et les réactions physiques liées au stress peuvent influer sur les sentiments de quelqu'un qui s'apprête à réussir. Quelqu'un qui a une faible efficacité personnelle interprétera le fait d'avoir « des nœuds dans l'estomac » avant une course importante comme un signe qu'il n'est pas capable de gagner. *Je ne me sentais pas bien avant la dernière course que j'ai perdue, je ne me sens pas bien maintenant, c'est évident que je vais encore perdre aujourd'hui.* Comme le remarque Bandura, ce n'est pas la simple intensité de nos réactions physiques et émotionnelles qui importe, mais plutôt la façon dont elles sont perçues et interprétées. En apprenant à gérer nos stimulations émotionnelles face à des situations stressantes, nous pourrons mieux croire en notre réussite. Avant le début de la grande course de Bannister, il y avait beaucoup de vent. Il aurait été simple de se laisser rattraper, de se déconcentrer et de céder à la pression. Cela n'a pas été le cas de Bannister. Il savait comment maîtriser ses nerfs. Il a patiemment attendu le dernier moment avant de décider s'il allait ou non courir. Et quand le vent est tombé, il a décidé de se lancer. Il a franchi la ligne d'arrivée au bout de 3 minutes et 59.4 secondes, visiblement peu perturbé par les conditions météorologiques.

• • •

Que se passe-t-il si l'on met en application la Théorie de Bandura ? Beaucoup d'éléments tendent à montrer que la manière dont les voyageurs considèrent leur capacité à réussir influe grandement sur leur motivation, leurs efforts et leurs performances. Les voyageurs qui croient dur comme fer qu'ils peuvent franchir la ligne d'arrivée dépasseront ceux qui n'y croient pas.

Nous avons appris qu'il est possible d'influer sur notre foi. Tout comme Bannister a puisé des forces dans son record britannique et dans ses réussites passées sur des distances plus courtes, il est possible de donner un coup de pouce à quelqu'un, en mettant en évidence ses exploits passés. *Tu l'as déjà fait, tu peux le refaire. La ligne d'arrivée n'est pas un rêve lointain, mais un but à ta portée.* En partageant le récit des réussites des autres, nous nous donnons des modèles, tout comme Bannister est devenu un modèle pour les 16 coureurs qui lui ont succédé. *S'il peut le faire, toi aussi tu peux le faire.* En créant un environnement positif où les réussites sont soulignées verbalement et les épreuves psychologiques minimisées, nous entretenons un esprit volontariste dans l'équipe. *Accepte les défis que tu rencontres. Tu as tout ce qu'il faut pour réussir. Je suis persuadé que tu peux y arriver. Tu es un gagnant.*

D'une certaine manière, *la réussite est une prophétie auto-réalisatrice.* Et curieusement, son élément déclencheur est la foi. Quand nous nous attendons à gagner, nous mobilisons automatiquement nos propres ressources internes pour répondre à nos attentes. Tout ceci se déroule sans que nous en soyons conscients. C'est Mère Nature qui régit nos victoires et nos échecs. Tout ce qu'il nous reste à faire c'est croire que l'on est capable de franchir la ligne d'arrivée, comme l'a fait Roger Bannister avant de courir la course de sa vie.

2.
L'Effet Pygmalion

Dov Eden est professeur à l'Université de Tel Aviv. Il étudie les croyances, et ses recherches révèlent une deuxième caractéristique, probablement encore plus remarquable, de l'impact de la foi sur la performance. Imaginez une formation militaire de 15 semaines durant laquelle 105 soldats ont été assignés à l'un des quatre instructeurs présents. Quelques jours avant le début du programme, chaque instructeur a reçu le message suivant :

Nous avons collecté énormément de données concernant les stagiaires dont leurs résultats aux examens psychologiques, leurs évaluations sociométriques, les notes obtenues dans le cadre des formations précédentes et leur évaluation par les commandants qui les ont déjà suivis. À partir de ces informations, nous avons prédit le potentiel de commandement (PC) de chaque soldat. ...Selon ses scores de PC, nous avons attribué à chaque soldat un PC élevé, moyen ou inconnu, le dernier cas résultant de données incomplètes. En cas de doute, nous n'essayons pas de deviner. Les soldats des trois niveaux de PC ont été répartis de manière égale parmi les 4 classes de formation.

Chaque instructeur s'est vu remettre une liste de ses stagiaires (un tiers possède un PC élevé, un tiers un PC moyen et le reste un PC inconnu). On leur a demandé ensuite de copier le potentiel de commandement de chaque stagiaire dans leurs dossiers personnels et d'apprendre les noms et les scores de chacun avant leur arrivée.

Il est important de savoir qu'à ce moment-là, ces 4 instructeurs n'étaient pas au courant que le mode de classification des potentiels de commandement, à savoir les scores de performance sur la liste qu'ils avaient reçue, était établi de façon complètement aléatoire. En d'autres termes, *le soldat possédant le PC le plus élevé pouvait très bien être le pire soldat du groupe.*

Au bout de 16 semaines, à la fin de la formation au combat, les performances des 105 soldats ont été testées dans 4 domaines différents. L'une de ces évaluations de performance, par exemple, portait sur leur maîtrise dans le maniement de l'arme avec laquelle ils avaient été formés.

Résultat ? Les performances des soldats auxquels on avait attribué un potentiel de commandement élevé se sont révélées considérablement supérieures à celles de leurs camarades dans les 4 domaines. Ceux qui possédaient un PC moyen ont obtenus les résultats les plus faibles. Les membres du troisième groupe, ceux présentant un potentiel de performance inconnu, ont obtenus des scores moyens. La différence de performance entre le meilleur groupe et le groupe le moins bon était de 15%.

Après une analyse détaillée, on a compris que les attentes induites par l'expérience, les faux scores de potentiels de commandement, expliquaient près de trois quarts des variations entre les performances.

C'est à dire qu'*en faisant croire à un supérieur qu'un subordonné a le potentiel d'être très performant, ses performances réelles s'améliorent.* Et cet effet n'est pas marginal. Il s'agit d'un énorme nombre à deux chiffres !

Étrange, n'est-ce pas ? Quand nous croyons qu'un membre de notre équipe a les moyens de produire de grandes performances, nos croyances deviennent réalité. Les performances attendues des membres de notre équipe constituent une prophétie auto-réalisatrice. Le nom scientifique de ce phénomène est l'*Effet Pygmalion.* Tout comme la théorie de Bandura, ce n'est pas une dynamique « mentale » (*head*) rationnelle, mais une idiosyncrasie du « cœur » *(heart)* humain.

...

Quel est donc le secret ? Comment fonctionne cet effet Pygmalion ? En bref, l'Effet Pygmalion est un *phénomène de leadership*. À partir du moment où les instructeurs ont cru que certains soldats avaient des capacités supérieures à celles des autres, ils ont commencé à encadrer différemment ces personnes. « Augmenter les attentes permet de déclencher un procédé de leadership qui conduit à des performances supérieures » souligne Eden. Des attentes élevées permettent de tirer le meilleur leadership d'un manager. *Imaginez simplement ces instructeurs passant plus de temps avec les soldats « prometteurs », à mettre en avant leurs succès, à leur montrer les meilleures pratiques et à leur apprendre à gérer les situations stressantes.* En retour, un meilleur leadership a des effets positifs direct sur les performances du subordonné. Cela donne un coup de fouet aux effets positifs de la Théorie de Bandura. *Imaginez l'impulsion supplémentaire apportée par l'attention positive des instructeurs sur le système de croyance des soldats « prometteurs ».*

L'EFFET PYGMALION

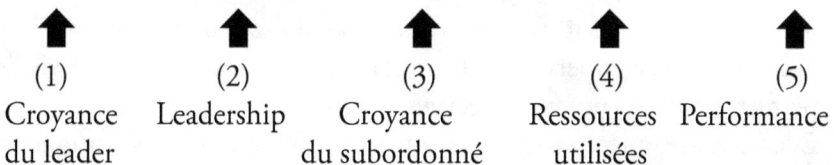

↑	↑	↑	↑	↑
(1)	(2)	(3)	(4)	(5)
Croyance du leader	Leadership	Croyance du subordonné	Ressources utilisées	Performance

Cependant, Pygmalion a un frère jumeau maléfique qui s'appelle

Golem. Si les attentes positives d'un leader alimentent la prophétie auto-réalisatrice, les attentes négatives créent une spirale destructrice qui conduit à de faibles performances.

Prenez l'histoire vraie suivante qui se passe dans une usine d'assemblage de kits médicaux stériles utilisés pour les transfusions sanguines. Le directeur, qui avait assisté à une conférence sur l'Effet Golem, avait un problème avec la productivité des nouveaux employés. Il s'agissait soit de travailleurs locaux soit d'immigrés d'Europe de l'Est. Et tout le monde dans l'usine « savait » que les locaux étaient moins bons que les immigrés. Ils mettaient plus de temps à s'adapter, à atteindre les standards de production, et une fois atteints, ils avaient des difficultés à les maintenir. Le superviseur en chef en particulier, qui était responsable des embauches depuis des années, « savait » que les femmes locales allaient lui donner du fil à retordre.

Le directeur de l'usine cependant, pensait que les travailleurs locaux étaient aussi compétents que les immigrés. Il soupçonnait le superviseur en chef d'avoir des préjugés négatifs à l'égard des performances des locaux, il lui dit qu'il avait personnellement sélectionné les nouveaux employés locaux qui allait commencer la semaine suivante. Il lui dit aussi qu'il s'agissait d'excellent travailleurs et qu'il s'attendait à ce qu'ils atteignent les standards de production très rapidement. Comme d'habitude, le superviseur en chef promis qu'elle lui signalerait tout problème éventuel.

Mais étonnamment, cette fois-ci, il n'y en eu aucun. En fait, ce fut l'arrivée de nouveaux employés la plus paisible que quiconque dans l'usine ait connue. Les nouvelles recrues locales atteignirent les standards en un temps record et, peu après, certains dépassèrent même les performances normales. Le superviseur félicita le directeur de l'usine pour l'amélioration de ses choix d'embauche.

N'est-ce pas incroyable ? Simplement en suscitant des attentes dans l'esprit du superviseur, le groupe de locaux a obtenu des performances remarquables. Les recrues n'avaient pas été sélectionnées, mais en faisant croire au superviseur que c'était le cas, ses attentes vis-à-vis des performances des nouvelles recrues avaient évolué du négatif au positif. Eden avance que lorsque l'on anticipe de mauvaises performances, on obtient de mauvaises performances. C'est une prophétie auto-réalisatrice négative : l'Effet Golem.

L'EFFET GOLEM

⬇	⬇	⬇	⬇	⬇
(1)	(2)	(3)	(4)	(5)
Croyance du leader	Leadership	Croyance du subordonné	Ressources utilisées	Performance

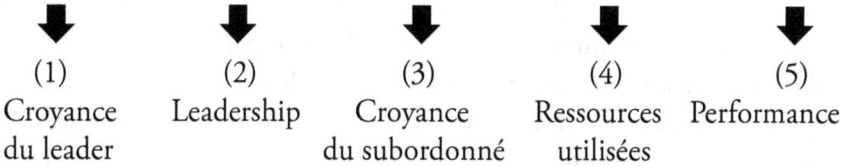

En modifiant nos attentes, nous pouvons combattre ce bandit. La spirale négative déclenchée par l'attente de mauvaises performances *(ils n'en sont pas capables)* en devient une positive *(ils en sont capables)*. Résultat ? De meilleures performances.

Il y a quelques années, j'ai eu la chance d'être impliqué dans un projet qui m'a permis de voir à l'œuvre à la fois l'Effet Pygmalion et l'Effet Golem. Une grande institution financière voulait renvoyer une centaine d'employés dont les performances avaient été signalées comme faibles par leur supérieur. Pendant des années, ce groupe d'employés aux résultats médiocres a reçu constamment un score faible dans l'évaluation de ses performances. Selon leur supérieur, ce groupe n'avait aucune valeur. Conformément à la loi, la haute direction a fait appel au syndicat des travailleurs. Ils ont accepté le plan d'action, mais ils ont remis en cause la qualité de l'évaluation des performances. Un compromis a été trouvé. Sur une période d'un an, les employés présentant un faible rendement ont été accompagnés de manière individuelle par un coach indépendant utilisant une approche positive. *Ils n'étaient plus traités comme des travailleurs aux performances médiocres.* À la fin de l'année, leurs performances seraient réévaluées. Si celles-ci ne répondaient pas aux standards de l'entreprise, les employés étaient renvoyés comme prévu initialement. Mais si leurs performances étaient meilleures, ils pouvaient rester et le statut d'employé « à faible rendement » disparaissait complètement.

Un an plus tard, à la surprise de beaucoup, les performances d'un peu plus de la moitié du groupe étaient égales ou supérieures aux standards exigés. En y regardant de plus près, nous avons trouvé des preuves claires permettant d'avancer que ceux qui avaient rebondi avaient eu de mauvaises relations avec leur supérieur. *Il y avait un manque de foi en leur capacité à réussir, comme on a pu le voir avec les travailleurs locaux.*

« Les leaders obtiennent les performances auxquelles ils s'attendent » soutient Eden. Quand on anticipe de mauvaises performances, nos attentes déclenchent une spirale destructrice qui mène à de mauvaises performances. « Les employés au rendement inférieur s'habituent à fournir le niveau de performance minimum acceptable, simplement parce que l'on n'attend rien de plus de leur part ». En remplaçant simplement un style de management fait de remarques négatives et qui néglige l'approche positive, il a été possible de transformer une spirale négative en une spirale positive pour 50% des employés. Et les employés de ce groupe avaient été identifiés comme des employés dotés de performances médiocres chroniques. Imaginez le pouvoir de l'effet Pygmalion si l'on appliquait ce style de management positif à *tous les employés* de l'équipe.

• • •

Les Effets Pygmalion et Golem sont tous les deux importants pour nous. Quand nous croyons que les membres de notre équipe ont ce qu'il faut pour réussir sur le chemin de l'exécution, comme les 4 instructeurs l'on fait avec les soldats qui avaient un PC élevé, les chances qu'ils réussissent effectivement sont considérablement plus élevées. Des attentes supérieures conduisent à de meilleures performances. Mais, quand on s'attend à ce que nos compagnons de voyage échouent, comme le superviseur avec les employés locaux, ils échoueront probablement.

Eden et les autres nous apprennent que nous devons faire attention à ce que nous croyons. La plupart d'entre nous a l'habitude d'attribuer une étiquette aux membres de son équipe. Maria est très efficace, Joe est dans la moyenne, Eva a atteint son plafond et Mike est peu performant. *Mais nos étiquettes sont des prophéties auto-réalisatrices.* Et pour ceux qui finissent dans la catégorie des employés très performants, c'est génial. Ils auront le supérieur hiérarchique qu'ils méritent. Mais, pour ceux que l'on catégorise comme moyens ou médiocres, ce n'est pas juste. Parce que quand on ne s'attend pas à de la grandeur, notre leadership n'est pas performant non plus. En faisant cela, nous contribuons à leur échec.

Si nous voulons améliorer le succès de notre stratégie, nous devons réévaluer nos relations avec *tous* les membres de notre équipe. Nous devons cultiver un environnement positif, un lieu dans lequel nous escomptons la réussite de chacun des membres de notre équipe, et pas seulement des quelques uns très performants. Les instructeurs de l'armée qui croient que *tous* leurs soldats réussiront auront de meilleures troupes de combat que ceux qui n'y croient pas. Les directeurs d'usine qui croient que *tous* leurs travailleurs réussiront produiront plus que ceux qui n'y croient pas. Les leaders qui croient que *tous* les voyageurs réussiront obtiendront de meilleures performances que ceux qui n'y croient pas.

DANS LA DEUXIÈME PARTIE des *chemins secrets de l'exécution*, nous en avons beaucoup appris sur les voyageurs qui arpentent le chemin de l'exécution. Du côté positif, les voyageurs ont d'énormes forces. Quand ils croient, ils peuvent réaliser des choses incroyables, plus que ce qu'ils n'ont jamais imaginé, à l'image de ces 16 coureurs qui ont réitéré l'exploit de Bannister. Mais nous avons aussi vu beaucoup de preuves des limites des voyageurs : leur peur de dire non, leur apathie quand ils ne sont pas investis et leur indécision quand on leur présente de trop nombreuses options.

Voici la bonne nouvelle : il est possible d'exploiter les forces des voyageurs et de contourner leurs imperfections. Les bons stratèges qui atteignent le cœur des voyageurs ont un triple plan de jeu.

Tout d'abord, *ils partagent des anecdotes de stratégies*. Les anecdotes rendent les messages plus adhérents. Emballez votre message dans une histoire et cela devient 20 fois plus facile pour votre auditeur de s'en souvenir. Les histoires restent parce qu'elles placent l'information dans un contexte dans lequel les voyageurs peuvent s'identifier. Rappelez-vous de l'histoire dans laquelle nous avons emballé le dilemme de Lisa. Les anecdotes présentent également un deuxième avantage : elles facilitent une connexion émotionnelle. Elles nous touchent en plein cœur. Repensez à Stephen Denning qui, contre toute attente, a fait adopter la gestion des connaissances à la Banque Mondiale. Son anecdote de la Zambie a fait passer l'état d'esprit des dirigeants du rationnel « Suis-je d'accord avec cette idée ou non ? » à l'émotionnel « Pourquoi ne le faisons-nous pas ? ». Et ce qu'il y a de mieux avec les anecdotes, c'est que nous n'avons pas besoin de les inventer. Il suffit juste de les repérer, comme Bob Ocwieja a repéré l'histoire de Jared, l'étudiant obèse qui s'est mis à manger au fast-food pour perdre du poids.

Par la suite, les bons stratèges travaillent sur l'environnement pour *dynamiser le micro-engagement.* Nous avons appris à ne pas nous contenter de petits engagements quand cela concerne de grands projets, mais viser plutôt de grands engagements concernant des projets plus modestes. On ne devrait offrir que de grands oui et encourager les autres à faire de même. Nous pouvons aider les voyageurs à grimper à l'échelle des micro-engagements en faisant du « non » une alternative acceptable aux faux oui. Pensez à toutes ces histoires de réussite de cockpits d'avions et de salles des urgences. Les voyageurs, comme les infirmières et les copilotes, peuvent efficacement remettre en question les décisions. Ils doivent juste apprendre à le faire.

Enfin, les bons stratèges *dynamisent la foi.* Comme nous avons pu le voir, il est possible de faire courir des coureurs plus vite, que les soldats se battent mieux et que les travailleurs locaux vainquent les travailleurs immigrés. Étonnamment, la clé de la réussite est la foi. Bannister a couru la course du siècle parce qu'il se croyait capable de le faire. Seize coureurs ont couru la course de leur vie parce qu'ils se sont mis à y croire. Une poignée de soldats a fait mieux que les autres, seulement parce que leurs instructeurs étaient convaincus qu'ils en étaient capables. La réussite est une prophétie auto-réalisatrice. Quand on croit, notre corps et notre esprit rassemblent toutes nos ressources pour aller plus loin, récupérer plus vite et continuer plus longtemps. Quand les autres croient en nous, cette dynamique est encore plus forte. Pensez aux soldats israéliens. La foi de leurs instructeurs en a fait de meilleurs soldats. Comme les travailleurs locaux, ils avaient les capacités pour réussir. Ils avaient juste besoin que quelqu'un croit en eux, pour qu'ils puissent croire en eux-mêmes à leur tour.

PARTIE 3

HANDS

CHAPITRE 9

S'attaquer à la CO_2mplexité

C'était une soirée fraîche dans l'Himalaya indien. Raju était perdu dans ses pensées. Il était attristé par les événements récents. Et même des années de méditation ne pouvaient l'aider à prendre ses distances avec la peine qu'il éprouvait. Finalement, alors que le soleil avait disparu depuis un moment, il prit une décision et inscrivit sa mission sur le mur. « Ainsi, je n'oublierai jamais. » se dit-il. *Son choix allait changer sa vie de multiples façons qu'il n'aurait jamais l'imaginées.*

Depuis que Bikash Bandhari, le célèbre professeur de Raju était mort deux mois auparavant, presque tous les moines bouddhistes, jeunes et vieux, étaient partis. Certains étaient rentrés chez eux, d'autres avaient rejoint un nouveau maître zen dans un monastère voisin. *Tous, sauf un.* Pendant deux mois, Raju avait réfléchi : « Dois-je finir ce que j'ai commencé dans mon monastère bien-aimé à Toli ? »

Cette nuit-là, aussitôt sa décision de rester prise, il se sentit plus détendu. Mais Raju savait que ça n'allait pas être facile. Il aurait besoin d'aide. « Je devrais trouver quelqu'un qui peut cuisiner ma nourriture et laver mes vêtements. Cela me laisserait le temps d'étudier et de méditer. »

Au début, tout allait bien. Mais après quelques mois, la cuisinière devint paresseuse et la mère de la femme de ménage tomba malade, la forçant à passer beaucoup de temps loin du monastère. Raju finit par avoir faim et le monastère à devenir sale. Il s'agita à nouveau. « Il me faut un deuxième cuisinier pour veiller à ce que le premier reste actif », jugea-t-il, « et une autre femme de ménage quand la première est auprès de sa mère. »

Au début, cette nouvelle configuration fonctionna bien. Mais après quelques mois, les 4 domestiques ne s'entendaient plus et Raju était souvent dérangé pour résoudre leurs disputes. *La même dynamique continua de se répéter.* Pendant les 3 années qui suivirent, Raju restructura constamment le monastère. Cela devint un travail à temps plein. Au final, il supervisait une équipe de 65 employés, organisait des démonstrations régulières de Kung Fu et gérait sur place une maison d'hôtes avec une belle boutique de souvenirs pour les visiteurs. Et les mots « Devenir un maître Zen » écrit sur une feuille de papier fixée sur son mur, s'estompaient lentement.

1.
La société aux 100 choses

Prenez un instant pour réfléchir à votre propre objectif. Qu'aimeriez-vous obtenir de la vie ? Quel slogan pourrait éveiller votre ambition ? Et maintenant, réfléchissez à ceci. Combien de temps avez-vous consacré le mois dernier à travailler pour atteindre cet objectif ? Était-ce ce que vous espéreriez ? Était-ce suffisant ?

Leo Babauta, un journaliste en surpoids et pas très en forme, habitant la petite île de Guam, se posait les mêmes questions. Et il répondit honnêtement non aux deux dernières. Il savait que seules des mesures drastiques pourraient le libérer de la situation dans laquelle il se voyait tourner en rond, comme un hamster dans une roue. Le 1er février 2007, il fixa par écrit ses objectifs pour retrouver la forme, trouver un équilibre vie professionnelle-vie privée et lutter contre son addiction à la nicotine. Puis, il s'intéressa à la simplicité. Il décida de totalement l'adopter et commença le défi des 100 choses, une mission visant à réduire ses effets personnels au nombre de 100 ou moins. Quelques années plus tard, Babauta, qui vit maintenant à San Francisco, a le temps de se concentrer sur ce qu'il trouve important. Il écrit des livres, voyage, se promène partout à pied (il ne possède plus de voiture) et passe du temps avec sa femme et ses 6 enfants. *Arrêter la complexité a fait des miracles pour lui.* Sur son blog, aujourd'hui l'un des 25 plus populaires au monde, Babauta encourage les autres à adopter la simplicité également. Maintenant, prenez un moment pour penser à utiliser le même concept de simplicité dans votre organisation. Imaginez à quoi cela ressemblerait si vous pouviez vous débarrasser de toute la complexité inutile. Pensez simplement à quoi cela ressemblerait de travailler dans une société aux 100 choses.

2.
La CO$_2$mplexité tue

La complexité est le CO$_2$ du monde moderne des affaires. Nous en avons tous entendu parler, nous en produisons tous, cela nuit à l'environnement des affaires et les entreprises ont tendance à l'ignorer quand il s'agit de faire des profits. Mais contrairement au CO$_2$, il n'y a pas d'opinion publique pour en signaler les dangers. Al Gore n'est pas sur scène. Oui, il y a quelques entreprises avec des dirigeants éclairés qui ont adopté la simplification et qui ont mis en place une culture d'entreprise qui lutte contre la complexité toujours croissante. Mais elles sont l'exception. *La plupart d'entre nous vit dans un monde des affaires complexe où la simplicité n'est pas à l'ordre du jour.* Et selon les stratèges Chris Zook et James Allen de Bain & Company, c'est un problème de taille. Dans *Repeatability*, leur dernier livre qui synthétise leurs vastes recherches pour trouver le Graal qui permet d'obtenir une performance durable, Zook et Allen soulignent que *la complexité est le plus grand frein à la performance dans les organisations.*

Une des premières causes de la complexité croissante dans une organisation est la croissance. D'une manière sournoise, la croissance alimente la CO$_2$mplexité. Quand les entreprises grandissent, elles deviennent plus complexes. Mais la CO_2mplexité n'est pas cette « grande vérité » qui survient du jour au lendemain. Ce sont des petites choses qui s'accumulent avec le temps : un KPI de plus par ici, une autre enquête par-là, un nouveau poste créé au siège social pour gérer une nouvelle région. Ou encore une nouvelle couche de management pour limiter l'étendue des responsabilités ou un cycle budgétaire supplémentaire pour évaluer les chiffres des lignes de production. Et les employés qui travaillent au sein de ces entreprises sont comme des grenouilles dans une casserole d'eau qui bout à petit feu : ils ne remarquent pas l'augmentation graduelle du niveau de complexité. Ils sont tellement occupés à s'adapter à leur changement de situation qu'ils ne font rien pour essayer de la changer. Par-dessus le marché, nous sommes pour la plupart non seulement inconscients de la complexité croissante qui nous entoure, mais nous faisons en réalité partie du problème, ajoutant nous-même de la complexité. *Nous sommes comme des grenouilles qui font bouillir elles-mêmes l'eau dans laquelle elles nagent.*

3.
Taille vs. Secteur

Quand vous élaborez une stratégie, le secteur dans lequel vous concourrez impacte grandement vos choix. Pensez par exemple au modèle classique des cinq forces de Porter. Ce qui rend un secteur unique ce sont ses différentes barrières à l'entrée, la rivalité entre les concurrents, les substituts, ou encore le pouvoir de négociation des clients et des fournisseurs. Changez de secteur et vous devez changer de stratégie.

Mais est-ce que le secteur définit également la meilleure approche d'exécution ? De nombreux dirigeants croient que c'est le cas. Ils examinent vivement les sociétés paires dans leur secteur et participent à des conférences pour découvrir les meilleures pratiques d'exécution de stratégie dans leur domaine. Mais leur vision des forces qui façonnent une bonne exécution de la stratégie ne correspond pas à la réalité. Une idée de *the performance factory* permet d'avancer que le secteur dans lequel vous concourrez ne joue qu'un faible rôle dans le choix des processus et des outils d'exécution de la stratégie. En d'autres termes, *le secteur duquel proviennent vos meilleures pratiques d'exécution de stratégie importe peu.* Une approche Balanced Scorecard de haute qualité utilisée dans une grande entreprise de télécommunication fonctionnera probablement aussi bien dans une entreprise pharmaceutique de très grande taille. Une approche solide de la gestion des initiatives stratégiques dans une entreprise automobile donnera d'aussi bons résultats dans une entreprise de média de la même taille.

Il existe cependant un facteur qui influe véritablement dans le choix de la meilleure approche d'exécution. C'est un facteur que ces mêmes dirigeants négligent fréquemment. Je veux parler de la taille, ou plus précisément de la taille du groupe qui va travailler avec les outils et les techniques d'exécution sélectionnés. Imaginez que vous avez recours au Balanced Scorecard (une approche qui permet l'exécution en cascade d'une stratégie dans l'organisation). Il existe plusieurs moyens de mettre en place cette approche, d'un atelier ultra-light d'une demi-journée par an qui aide les managers à réfléchir à leurs objectifs, à un processus complet et permanent qui permet de définir, remettre en question et contrôler l'intégralité de l'exécution en cascade de la stratégie. Selon *the performance factory,* l'approche choisie, petite, moyenne ou grande, devrait principalement dépendre de la taille du groupe qui va utiliser le scorecard.

Pour appréhender ce principe il convient d'observer les dynamiques de groupe. Vous vous rappelez de la règle des 150 ? Elle émet l'hypothèse que la taille d'un groupe joue un rôle primordial. Plusieurs études ont montré que le lien social des groupes de plus de 150 personnes avait tendance à diminuer. Pour compenser, ces groupes ont besoins de processus, de structures et d'outils. Pensez à une petite unité commerciale de 50 personnes qui doit établir des objectifs long terme en conformité avec la stratégie de l'entreprise. Comme la dirigeante est directement en lien avec chacun de ses employés, elle trouvera assez simple de rassembler toutes les informations nécessaires, de discuter des hypothèses et de suivre les progrès réalisés. *Elle n'a pas besoin d'un modèle complexe pour l'exécution en cascade de sa stratégie.* Pour une grande unité de 1000 personnes, c'est une histoire totalement différente. La dirigeante n'a pas accès de la même manière à ses employés. Le lien social a disparu. Et pour compenser, elle a besoin d'une approche plus structurée pour atteindre les mêmes résultats. Quand vous élaborez une approche d'exécution de la stratégie, la taille du groupe qui va utiliser votre modèle impacte énormément vos choix. *La taille est à l'exécution de la stratégie ce que le secteur est à la stratégie.* Changez la taille de l'unité et vous devez changer l'approche d'exécution de la stratégie.

...

Qu'est-ce que cela signifie donc pour nous ? Le fait que ce soit la taille, plus que le secteur, qui détermine le choix de la meilleure approche d'exécution implique deux conséquences importantes pour organiser les améliorations des processus d'exécution de la stratégie. Tout d'abord, plutôt que de limiter notre recherche aux meilleures pratiques de notre secteur, nous devrions plutôt regarder au-delà de ses frontières et chercher de bons exemples parmi les entreprises, les unités commerciales et les équipes de notre taille. Notre recherche ne devrait pas se focaliser sur « Le concurrent X (qui fait 3 fois notre taille) utilise une excellente approche Balanced Scorecard. Voyons ce que nous pouvons en tirer. » Il s'agirait plutôt de penser « L'entreprise Y, qui fait notre taille, a développé une excellente approche. Voyons cela de plus près et regardons ce que nous pouvons en tirer. »

Deuxièmement, il faut mettre à échelle la solution choisie. Imaginez que vous partez en randonnée avec votre famille et que vous voulez équiper chacun d'un nouveau sac à dos. Vous pouvez envisager de tous les acheter de la même marque, parce que vous savez que c'est de la bonne qualité. Mais vous voulez également un sac adapté à la taille de chacun (vous ne voulez pas qu'un enfant de 10 ans porte un sac de 15 kilos). Il s'agit d'appliquer la même logique au voyage de notre stratégie. Equiper une entreprise avec les bons outils d'exécution, c'est comme acheter des sacs à dos pour une famille. Vous ne voulez pas surcharger les plus petites unités. Pour réussir, tous doivent disposer d'un sac qu'ils peuvent porter. *La « Taille unique » ne fonctionne pas sur le chemin de l'exécution.* Si nous voulons équiper nos voyageurs de meilleurs outils d'exécution, nous devrions nous assurer qu'ils sont adaptés. Par exemple, une petite unité de 200 personnes n'a pas besoin de la même approche BSC qu'une unité de 2000 personnes. Parfois, après une période de forte croissance, les processus d'exécution pourraient ressembler à un sac trop petit. Cela pourrait ressembler à l'ancien processus d'exécution qui veut grandir plus vite que l'entreprise, comme un enfant qui devient adolescent et qui a besoin (veut) un vrai sac à dos d'adulte. Mais, la plupart du temps, cela ne se déroule pas comme prévu parce que *nous optons pour des sacs à dos d'exécution beaucoup trop grands.* Le message ici n'est pas d'offrir des sacs à dos sur-mesure. Les stratèges ne sont pas dans la haute couture. La standardisation est cruciale. Mais nous souhaitons vraiment proposer nos solutions dans plusieurs tailles différentes. Nous souhaitons proposer une approche Balanced Scorecard d'une seule marque dans 3 tailles : une version light pour les petites unités, une version moyenne pour les unités de taille moyenne, et une version intégrale pour les grandes unités. Les bons stratèges conçoivent un processus d'exécution standard et simple d'utilisation avec des outils adaptés, et l'offrent en petit, moyen et grand format.

4.
Le rêve de Tata

Deux voitures étaient exposées au centre de recherche de l'entreprise Tata, à Bombay en Inde. La première d'entre elles était un prototype complet de la Nano, une voiture compacte à 2500$ sur laquelle ils travaillaient. L'autre voiture était une belle voiture bicylindre avec un moteur clairement apparent.

Chaque jour, les employés étaient invités à examiner les voitures exposées dans l'espoir qu'ils proposent des simplifications. Tout avait commencé en 2003, avec le rêve de Ratan Tata. Il voulait construire la voiture la moins chère du monde. Il adressa à son équipe d'ingénieurs, menée par l'ingénieur renommé Girish Wagh de 32 ans, trois exigences. La voiture devait être très bon marché, respecter les exigences réglementaires de sécurité et se conduire comme une vraie voiture.

Leur prototype initial était bien loin du compte. Pour minimiser les coûts, les ingénieurs avaient imaginé un véhicule avec des barreaux à la place des portières et des rabats en plastique pour protéger le conducteur des pluies de moussons. Le véhicule ressemblait plus à un quad qu'à une voiture et manquait cruellement de puissance. Même avec un plus gros moteur, qui permettait d'augmenter la puissance de près de 20%, ses performances étaient lamentables. « C'était ridicule » admit Wagh, après-coup.

Mais, en rétrospective, ce premier échec s'est également révélé très bénéfique. S'ils voulaient réussir à construire une voiture « correcte » et non un scooter à quatre roues amélioré ou une alternative à moindre coût qui n'aurait intéressé personne, ils devaient repenser tous les aspects de la voiture. Ils devaient prendre chaque composant, des essuie-glaces à la radio, et déterminer ce qu'il fallait conserver et ce qu'il fallait jeter. Et pour chaque composant qu'ils choisissaient de conserver, ils devaient le concevoir de la manière la plus simple possible pour garder les coûts de production sous contrôle. *L'ensemble du processus était un véritable numéro d'équilibriste.* Trop enlever ou être trop minimaliste signifiait compromettre la sécurité, la performance et le design. Enlever trop peu signifiait une voiture a un prix trop élevé.

Ils ont rapidement compris que pour réussir cet exercice périlleux, ils allaient avoir besoin d'aide. Ratan Tata réunit ses principaux fournisseurs de pièces détachées et, après leur avoir montré les premiers prototypes défectueux, leur demanda leur soutien. Au départ, ils se montrèrent sceptiques. Mais Tata persista et, après quelques débats, la plupart des fournisseurs habituels de Tata rejoignirent le projet. Rane Group, par exemple, s'est concentré sur la réduction du poids des matériaux utilisés pour le système de direction, en remplaçant la tige en acier de la direction par un tube en acier, ce qui a permis une coupe drastique des coûts. D'ordinaire, le produit est fait de deux pièces, mais il a été repensé en une seule pour économiser sur les coûts d'usinage et d'assemblage. Un autre fournisseur, l'équipe de GKN Driveline, a passé un an à développer 32 versions expérimentales dans l'objectif de créer l'arbre de transmission parfait, le composant qui assure la transmission de l'énergie entre le moteur et les roues. Avec l'aide de leurs concepteurs français et italiens, ils modifièrent le design pour le rendre plus léger et plus facile à fabriquer.

Avec le temps, l'équipe de Wagh s'est agrandie jusqu'à compter 500 ingénieurs. Une équipe centrale de 5 d'entre eux se réunissait chaque jour à 15h pour discuter des dernières avancées. Chaque membre était responsable d'une partie différente de la voiture : moteur et transmission, carrosserie, intégration du véhicule, sécurité et respect des réglementations, et conception industrielle.

Assembler toutes les pièces redessinées était un autre défi. Le moteur, par exemple, a été remanié à trois reprises. Initialement, Wagh pensait qu'ils allaient acheter un moteur disponible dans le commerce. L'équipe examina tous les moteurs de petites cylindrées disponibles sur le marché, mais ne trouva rien de convenable. C'est pourquoi, au début de l'année 2005, les ingénieurs décidèrent de construire leur propre moteur. La première version était un moteur 540cc qui, une fois monté sur le prototype, manquait de puissance. Sa capacité a donc été augmentée de 9%. Mais le moteur ne fournissait toujours pas assez d'énergie. Ils rajoutèrent encore 9% de capacité avant que Wagh n'opte finalement pour un moteur 623cc. Cette décision, cependant, nécessita de réaligner les pédales pour avoir suffisamment de place pour les jambes. Et ainsi de suite. À la fin, ce numéro d'équilibriste paya. Quand Ratan Tata descendit du siège conducteur de la première Tata Nano, il fit forte impression. Ce qui a surtout bouleversé le monde de l'automobile, c'est le fait que des ingénieurs semblaient avoir réussi l'impossible. La voiture était très bon marché mais n'en avait pas l'air. *Elle ne ressemblait pas à un scooter à quatre roues amélioré.* Elle ressemblait plutôt à une belle et vraie voiture… au prix d'un scooter.

5.
La corde raide de la simplicité

Les défis auxquels ces ingénieurs ont fait face sont comparables à ceux que nous rencontrons quand nous décidons de combattre la CO_2mplexité. Comme pour la Nano, nous devons nous demander quels composants du processus nous sont nécessaires, et lesquels peuvent être abandonnés. Nous devrions nous poser des questions telles que, « Avons-nous vraiment besoin d'un logiciel Balanced Scorecard ? » et « Devons-nous vraiment continuer d'effectuer le suivi de ces KPI ? » ou encore « Devons-nous vraiment inclure les valeurs d'entreprise comme critères d'évaluation dans notre processus de détermination des objectifs individuels ? »

Notre prochain défi consiste à simplifier autant que possible les composants que nous décidons de garder. Einstein avait parfaitement saisi ce défi. Il disait, « Nous devons rendre les choses simples, mais pas trop simples ». Pour combattre l'ennemi, la CO_2mplexité, nous avons besoin de *simplicité intelligente*. Pour combattre la CO_2mplexité, nous devons rendre les choses simples. Nous devons nous poser des questions telles que, « Nous devons gérer des projets, mais avons-nous besoin de tout le tralala d'un manuel de 100 pages pour chaque projet ? » et « Nous avons un tableau de bord avec nos indicateurs, mais avons-nous besoin de tous ces indicateurs ? » Pour autant, nous ne pouvons pas rendre les choses trop simples. Elles doivent toujours remplir leurs fonctions, comme la taille du moteur pour la vitesse et de vraies portières pour la sécurité et le confort. Nous pouvons surement simplifier notre processus budgétaire, mais nous avons besoin de ce sur quoi il repose. Nous pouvons en partie éliminer la complexité de notre processus de gestion de projets, mais nous devons gérer nos projets de manière professionnelle. Je suis sûr que vous saisissez. Un bon stratège marche sur *la corde raide de la simplicité,* en équilibrant soigneusement ce qui est trop simple et ce qui est trop complexe. Penchez du côté complexe et vous risquez de tomber dans un bourbier de complexité.

Penchez du côté simple et la valeur est perdue.

...

Les ambitions établies par les stratèges pour une organisation exigent presque toujours une croissance de l'entreprise. Rares sont les documents stratégiques qui portent le message « Réduisons notre taille. » Mais la croissance économique a un prix. La croissance facture une taxe de complexité. Davantage d'outils, davantage de modèles, de nouvelles structures matricielles, des canaux de communication supplémentaires, des procédures budgétaires plus lourdes et du contrôle de gestion des risques sont mis en place pour compenser le lien social qui se perd lorsque les groupes deviennent plus grands.

La CO$_2$mplexité est un ennemi sournois, un véritable ninja. Elle s'approche dans le plus grand silence et attaque dans l'ombre. Quand on la voit arriver, il est souvent déjà trop tard. Un document de plus par-ci, quelques nouveaux KPI par-là, un comité de pilotage supplémentaire pour effectuer le suivi de nouveaux projets, une ressource additionnelle pour surveiller les risques. Tous ces composants s'accumulent et créent un environnement statique et malsain, un espace où la prise de décision demande trop d'énergie et où les personnes s'égarent sur le chemin secret de l'exécution, oubliant tout du véritable objectif de leur voyage. Résultat ? La ligne d'arrivée devient un rêve lointain. La grande idée qui inspirait autrefois toute une équipe disparaît, comme le papier froissé au-dessus du lit de Raju, ce moine qui voulait devenir un maître Zen, mais qui s'est perdu au cours de son voyage.

Pour combattre la CO$_2$mplexité, nous devrions suivre l'exemple de Babauta et nous efforcer de devenir une société aux 100 choses, en nous débarrassant des étapes de processus, des procédures et des outils que nous avons accumulé avec les années, mais dont nous n'avons pas vraiment besoin. Pour combattre la CO$_2$mplexité, nous devrions équiper nos unités d'un sac à dos d'exécution qu'elles peuvent porter. Nous avons trois tailles à la vente : petit, moyen et grand. Pour combattre la CO$_2$mplexité, nous devrions chercher à atteindre une simplicité intelligente, en rendant les choses simples, mais pas trop simples. Nous devrions arpenter la corde raide de la simplicité, comme l'ont fait une poignée d'ingénieurs brillants en créant une voiture à 2500$ qui ressemble, donne le sentiment et se conduit toujours comme une vraie voiture.

CHAPITRE 10

Faire l'expérience du pouvoir des habitudes

Quelle est la première chose que vous avez faite ce matin en vous levant ? Regarder vos e-mails, prendre une douche ou prendre votre petit-déjeuner ? Vous êtes-vous brossé les dents avant ou après avoir mangé ? Avez-vous lacé votre chaussure gauche ou votre chaussure droite en premier ? Quel itinéraire avez-vous pris pour aller travailler ? Teniez-vous le volant avec votre main gauche, votre main droite, ou les deux ? Quand vous êtes arrivé au bureau, avez-vous pris un café ou allumé votre ordinateur en premier ? Le journaliste du *New York Times*, Charles Duhigg voulait comprendre le fonctionnement des habitudes. Il interviewa plus de 300 experts et assimila une quantité incroyable d'études. L'une des découvertes de Duhigg est quelque peu surprenante, la plupart des choix que nous faisons chaque jour peut donner l'impression du résultat d'une prise de décision bien pensée. Mais ils ne le sont pas. Ce sont des habitudes. *Et elles représentent 40% (!) de ce que nous faisons.*

Vous vous souvenez de l'expérience des cookies et des radis ? Les 67 participants qui étaient soumis à la tentation des cookies au chocolat tout juste sortis du four ? La moitié du groupe était autorisée à céder et manger les cookies. Le deuxième groupe devait manger des radis à la place. Quand ils ont dû tracer une figure géométrique, les participants du groupe cookies avaient tenu 18 minutes, faisant 34 tentatives pour résoudre l'énigme. Le groupe radis avait abandonné au bout de 8 minutes et 19 tentatives. Leur volonté était diminuée. Ils voulaient arrêter. L'épuisement de la volonté explique pourquoi 88% des gens ne tiennent pas leurs résolutions de l'année, pourquoi le shopping est si épuisant et pourquoi la majorité de ceux qui font un régime succombent à la tentation le soir venu.

Les habitudes sont la façon dont la nature combat l'épuisement de la volonté. Les habitudes nous aident à protéger l'une des ressources limitées de notre corps : la prise de décision rationnelle. Chaque décision que nous prenons exige une force mentale, et quand il y a trop de décisions à prendre, nos réserves s'épuisent. Nous sommes fatigués. En automatisant de petites décisions répétitives, comme ce que nous faisons en premier le matin, la manière dont nous conduisons pour aller travailler ou la manière dont nous faisons nos lacets de chaussures, nous sauvegardons notre énergie mentale. Voici comment cela fonctionne. À un moment donné, face à une situation nouvelle, nous prenons le temps d'évaluer rationnellement les options et de prendre une décision délibérée. Puis, après plusieurs répétions, le choix devient naturel, la décision est automatisée, une habitude est créée. Prenons un exemple. Imaginez que vous commencez un nouveau travail. Le premier jour, vous devez décider comment vous y rendre, quand quitter votre maison pour être à l'heure, où vous garer, comment saluer vos nouveaux collègues, où déjeuner et quand quitter le bureau. Résultat ? Vous rentrez à la maison, épuisé. Mais après un certain temps, la routine s'installe. Vous savez quand est-ce qu'il faut vous réveiller, vous avez essayé plusieurs itinéraires différents, et vous savez comment vous comportez pour vous intégrer. Ces petits choix que votre cerveau trouvait difficiles un jour, ne demandent plus d'énergie de la part du cerveau. Ils sont automatisés.

1.
Les habitudes de groupe, alias la Culture

Demandez à 100 PDG : « La culture d'entreprise est-elle cruciale pour réussir dans les affaires ? » et la plupart répondront « oui ». Mais mettre en place la bonne culture est un défi majeur. « La culture mange la stratégie au petit-déjeuner tous les jours » a déclaré le gourou du management Peter Drucker. Pour mener à bien notre parcours stratégique, nous devons relever le défi du changement de culture. Commençons par découvrir pourquoi la stratégie se retrouve si souvent au menu du petit-déjeuner.

Nous avons vu au chapitre 2 que l'ensemble des petits choix que les voyageurs prennent sur le chemin de l'exécution doit être en accord avec le grand choix (le Modèle de Mintzberg). Un nouveau grand choix demande un nouvel ensemble de petits choix. Par exemple, lorsque Jef Schrauwen décida de repositionner son entreprise pour se concentrer exclusivement sur les portes d'entrée, il a fallu qu'il repense complètement la conception, la production et la vente de ses produits. La nouvelle stratégie a déclenché un nouvel ensemble de petits choix qui ont dû être mis en place pour créer un modèle de décision.

Pour connecter la culture à la stratégie, utilisons le même dénominateur : les décisions. Ce faisant, nous pouvons définir la culture comme l'ensemble existant de petits choix. Quand quelqu'un dit : « Nous devons changer notre culture pour que notre stratégie soit un succès », en utilisant notre définition cela devient : « Nous devons changer l'« ancien » ensemble de décisions avec un « nouvel » ensemble de décisions aligné avec le nouveau grand choix. » Chez Alcoa, par exemple, la nouvelle idée d'O'Neill exigeait de tout le monde qu'il abandonne son vieux comportement. Pour présenter un plan de prévention d'accident dans les 24 heures suivant un incident, les présidents de l'unité commerciale devaient être mis au courant par leurs vice-présidents dès que cela se produisait. Pour ce faire, les VP devaient être en communication constante avec leurs responsables directs. Et à leur tour, ils devaient mettre en place un processus pour avoir les bonnes personnes autour de la table, analyser l'accident et proposer une liste de suggestions d'amélioration judicieuses. Presque tout ce à quoi ils étaient habitués en termes de communication avec la hiérarchie devait être abandonné et remplacé.

Quand la stratégie rencontre la culture sur le champ de bataille, la stratégie arrive avec un net désavantage. Et ce parce que de nouvelles décisions demandent de la volonté, une ressource rare, et celles qui existent déjà n'en ont pas besoin. C'est le même handicap que nous avons vu lorsque nos résolutions de l'année rencontrent la vie quotidienne. Si nous voulons éviter le même taux d'échec, si nous voulons éviter que notre stratégie ne devienne un bon petit-déjeuner, nous devons automatiser les décisions essentielles qui soutiennent notre stratégie le plus rapidement possible. De cette façon, les voyageurs ne sollicitent pas leur volonté quand ils exécutent la nouvelle stratégie. Ce n'est qu'alors que de nouveaux choix peuvent remplacer les anciens qui ne correspondent pas au Modèle de Mintzberg. Ce n'est qu'alors que notre nouvelle stratégie aura l'ancienne culture pour le petit-déjeuner.

2.
Comment choisir les bonnes habitudes ?

Alors, quel est le secret ? Comment créons-nous de nouvelles habitudes ? Et comment pouvons-nous faire disparaître de vieilles habitudes ? Nous avons appris au chapitre 5 que les panneaux nous indiquent si nous nous trouvons sur la bonne piste d'exécution (vous vous souvenez du Yasso 800 ?). *Pour chacun de ces indicateurs principaux, nous devrions définir un ensemble de routines qui les déplacent dans la bonne direction.* Si vous êtes un marathonien, vous pourriez inclure une séance d'entraînement hebdomadaire de 800 mètres dans votre programme, ajouter une séance de musculation pour renforcer certains groupes musculaires spécifiques ou ajuster votre régime alimentaire pendant les jours d'entraînement. La mise en place de ces routines vous aidera à courir plus vite sur

800 mètres (et vous aidera finalement à atteindre la ligne d'arrivée de votre prochain marathon plus rapidement).

Certaines routines ont un effet de débordement. Des recherches montrent, par exemple, que la construction de l'habitude « d'exercice » déclenche toutes sortes d'autres routines positives. Quand les gens commencent à faire de l'exercice, même une seule fois par semaine, ils commencent à mieux manger, deviennent plus productifs, fument moins, sont plus patients avec leurs collègues et leur famille, et utilisent moins souvent leur carte de crédit. L'habitude d'exercice a des effets de débordement clairs et positifs. Dans son livre, Charles Duhigg donne plus d'exemples :

> Des études ont démontré que les familles qui ont l'habitude de dîner ensemble, semblent élever leurs enfants avec de meilleurs capacités à faire leurs devoirs, de meilleures notes, un meilleur contrôle émotionnel et plus de confiance. Faire son lit tous les matins est corrélé à une meilleure productivité, un plus grand sentiment de bien-être et de plus grandes capacités à respecter un budget. Ce n'est pas que les repas en famille ou un lit bien fait entraîne de meilleures notes ou des dépenses moins frivoles. Mais d'une façon ou d'une autre, ces changements initiaux déclenchent des réactions en chaîne qui aident d'autres bonnes habitudes à s'installer.

Il est également bon de savoir que nous avons beaucoup plus de routines que nous le pensons. Prenez l'habitude de manger, par exemple. Chaque jour, nous prenons toutes sortes de décisions concernant l'alimentation. Nous décidons quand manger, quoi manger, quelle quantité manger. Au travail, nous pourrions décider de sauter le déjeuner. Le soir, nous choisissons entre manger dehors, commander, utiliser le micro-ondes ou faire la cuisine. Mais parce que beaucoup de nos habitudes sont inconscientes, *nous ne sommes pas conscients du nombre de décisions que nous prenons réellement.* Essayez simplement ce petit test. Combien de décisions liées à l'alimentation avez-vous prises au cours de ces dernières 24 heures ?

Deux professeurs de l'université de Cornell, Brian Wansink et Jeffery Sonal voulaient trouver la réponse. Ils ont posé la même question à 154 étudiants. Réponse ? En moyenne, les étudiants ont indiqué qu'ils prenaient 14,4 décisions quotidiennes liées à l'alimentation. Cela semble être un nombre raisonnable, n'est-ce pas ? Mais ensuite, les deux chercheurs ont poussé les étudiants à réfléchir un peu plus. Ils leurs ont demandés d'analyser leur modèle alimentaire de la même manière qu'un bon journaliste aborde un article en utilisant les questions : qui, quoi, où, quand, et comment. Par exemple, quand commencez-vous et finissez-vous de manger ? Qui est avec vous ? Où mangez-vous ? Quelle quantité mangez-vous ? Certains étudiants avaient également reçu une télécommande sur laquelle ils devaient appuyer chaque fois qu'ils prenaient une décision en matière d'alimentation.

À présent, les étudiants pouvaient estimer avec beaucoup plus de précisions. Et les résultats furent stupéfiants. En utilisant l'approche plus approfondie, ils ont recensé 226,7 décisions quotidiennes liées à l'alimentation, soit 15 fois plus que leur estimation initiale. Cette étude est une bonne illustration de la manière dont la plupart de nos habitudes peuvent nous échapper. *Si nous voulons changer la culture de notre organisation, nous devons d'abord trouver les habitudes qui définissent notre culture.*

3.
La nonne et le PDG

Au cours d'une réunion des actionnaires d'Alcoa à Pittsburg, une sœur bénédictine appelée Sœur Mary Margaret, se leva et accusa Paul O'Neill de mentir. Elle déclara que pendant qu'ils se vantaient de leurs mesures de sécurité, les ouvriers de l'usine d'Alcoa au Mexique tombaient malades à cause des vapeurs toxiques.

O'Neill était fermement en désaccord. Il montra d'emblée un graphique sur son ordinateur portable pour illustrer les excellents dossiers de sécurité de l'usine du Mexique. En plus de cela, Robert

Barton, le responsable en charge de l'installation, était un dirigeant très respecté chez Alcoa. Il faisait partie de l'entreprise depuis des décennies et était responsable de leurs plus grands partenariats.

Mais malgré toutes les preuves, la religieuse dit à l'assemblée qu'elle ne devrait pas faire confiance au PDG avant de s'asseoir.

Pour être certain, O'Neill demanda au directeur des ressources humaines de prendre l'avion jusqu'au Mexique pour voir ce qui se passait. Sur place au Mexique, ils examinèrent les dossiers de l'usine et trouvèrent la preuve d'un accident. Quelques mois auparavant, il y avait eu une accumulation de vapeurs à l'intérieur du bâtiment. *Mais Barton n'avait jamais reporté l'incident.*

Une fois de retour à Pittsburg, pendant le briefing, O'Neill demanda : « Est-ce que Barton sait que des gens sont tombés malades ? - Nous ne l'avons pas rencontré » répondirent-ils. « Mais oui, c'est clair qu'il le savait. »

Deux jours plus tard, Barton était viré.

Cette punition n'était-elle pas exagérée, comme le pensaient de nombreux observateurs extérieurs ? Pourquoi virer un de vos meilleurs cadres pour un incident de sécurité plutôt mineur ? Mais, chez Alcoa, le licenciement de Barton était la conséquence logique de leur choix de devenir une entreprise à zéro accident. « Barton s'est viré lui-même », déclara l'un de ses collègues, « il n'y avait même pas le choix. »

Pour réussir, Alcoa avait besoin de nouvelles routines. Et l'une des habitudes les plus importantes à adopter était une boucle rapide pour apprendre de leurs erreurs. Par conséquent, tout le monde était tenu de signaler les incidents avec un plan d'amélioration correspondant dans les 24 heures. Sans cela, ils ne deviendraient jamais la compagnie sûre qu'ils voulaient être. Le traitement réservé à Barton était une conséquence logique de ce choix. « Cela aurait peut-être été difficile dans une autre entreprise de licencier quelqu'un qui était là depuis si longtemps. Cela n'a pas été difficile pour moi. » expliqua O'Neill a posteriori. « Barton s'est fait virer parce qu'il n'a pas signalé l'incident et personne d'autre n'a donc eu l'occasion d'en tirer des leçons. Ne pas partager une opportunité d'apprendre est un péché cardinal. » En d'autres termes, Barton n'a pas été viré à cause de l'accident. Il a été renvoyé à cause de son comportement a posteriori. Son choix de ne pas signaler l'incident ne correspondait pas au schéma de décision global. En fait, il allait complètement à l'encontre, empêchant la formation d'habitudes cruciales. *(Si un haut dirigeant n'est pas obligé de signaler un incident, pourquoi le ferais-je ?)*

Afin de développer de nouvelles habitudes comme le « rapport d'O'Neill dans les 24h », il est crucial d'agir fermement contre les comportements qui compromettent le modèle. Les stratèges qui réussissent identifient et luttent contre les perturbations du modèle de décision. Ils agissent contre les petits choix inacceptables parce qu'ils savent qu'un mauvais comportement empêche de cultiver les bonnes habitudes. Si nous sommes tous d'accord pour conduire du bon côté de la route, nous devons agir contre les gens qui choisissent de conduire à gauche. Parce qu'une fois que quelques personnes commencent à ne pas faire la bonne chose, d'autres commencent à les copier. Pas nécessairement parce qu'ils veulent être des perturbateurs, mais parce que c'est souvent la chose facile à faire, ou pire ils pensent que c'est la bonne chose à faire. Et sans plus tarder, c'est le chaos. Les stratèges qui réussissent demandent : « Quels sont les petits choix inacceptables sur le chemin de l'exécution ? » et agissent fermement quand cela arrive, même si cela semble illogique pour le monde extérieur.

· · ·

Jusqu'ici, nous avons appris que notre parcours stratégique devient plus facile lorsque nous automatisons les petites décisions répétitives. Les habitudes maintiennent notre réserve de volonté au maximum, veillant à ce que notre stratégie ne finisse pas en bon petit-déjeuner. Nous avons également appris quelles décisions nous devrions automatiser, ces choix qui influent positivement sur nos indicateurs principaux, nos panneaux de ligne d'arrivée. Et nous avons appris qu'il est important d'agir fermement contre les personnes qui prennent des décisions délibérées qui vont à l'encontre des bonnes habitudes. Comme O'Neill l'a fait. Le PDG a renvoyé l'un de ses meilleurs dirigeants parce qu'il avait choisi de ne pas signaler un problème de sécurité, un péché mortel chez Alcoa.

Mais il demeure une question non résolue. Comment développons-nous des habitudes d'exécution ? Comment transformons-nous de petites décisions répétitives en routine ? Dans notre recherche pour trouver la réponse, nous voyagerons au Pôle Sud, une destination où une mauvaise décision, même petite peut faire la différence entre la vie et la mort.

CHAPITRE 11

Trouver votre rythme hebdomadaire

Le Pôle Sud est l'une des ultimes frontières terrestres. Un environnement aride de 13 millions de km² de glace. Une destination qui inspire les aventuriers à s'embarquer dans des épopées qui défient les limites de l'endurance et de la force humaines. Dixie Dansercoer est un aventurier de cette espèce. Il voyagea pour la première fois au Groenland à l'âge de 31 ans. Depuis lors, Dansercoer a toujours répondu à l'appel de la glace et s'est lancé dans diverses aventures polaires. Il fit la première traversée de l'Océan Arctique au-dessus du Pôle Nord jusqu'au Groenland, navigua sur les traces d'Adrien de Gerlache exactement 100 ans après sa célèbre expédition et tenta de traverser le détroit de Bering mais dut abandonner en raison de la fonte des glaces et des conditions météorologiques dangereuses.

En 2008, Dansercoer rêvait d'une nouvelle expédition polaire, un défi plus exigeant que tout ce qu'il avait pu faire auparavant. Il voulait faire le plus long voyage en Antarctique sans assistance. Pour réussir, il lui faudrait tirer un traîneau de 200kg avec assez de provisions pour plus de 6000 km, faire face à une température moyenne quotidienne de

-34°C, dormir dans une tente à peine plus chaude de quelques degrés et faire du snowkite pendant 10 à 12 heures par jour, un exploit qui nécessiterait un effort équivalent à un triathlon Ironman quotidien.

Quand on en arrive à un défi aussi extrême, la prise de décision en une fraction de seconde est cruciale. Lors d'une expédition précédente, Dixie tomba à travers la glace. Avec de l'eau à seulement -1.8°C, il serait mort d'hypothermie en quelques minutes. Mais grâce à la préparation pour un tel incident et la réflexion rapide de son compagnon de voyage Alain Hubert, il en sortit et survécut. Une autre fois, un bruit le réveilla au milieu de la nuit. Il fallut juste quelques secondes pour se rendre compte qu'ils étaient en danger immédiat. Un ours polaire affamé avec ses oursons se tenait menaçant à l'avant de leur tente. Instinctivement, ils attrapèrent leur fusil depuis la poche droite de la tente et les effrayèrent avec un tir rasant. En raison des décisions uniques que de telles conditions exigent, les aventuriers polaires veillent à ne pas s'inquiéter de petites décisions répétitives. Au lieu de cela, ils développent leurs propres routines particulières. « Vous devez vous programmer tel un robot. », m'a dit Dixie. « C'est le seul moyen de survivre dans ces conditions extrêmes. »

•••

Le 4 novembre 2011, après un vol de 6h30 depuis Cape Town, Densercoer et son compagnon de voyage Sam Deltour posèrent le pied sur la glace en Antarctique. Ils emmenèrent 100 rations alimentaires quotidiennes, 26 litres de combustible, une tente, 6 ailes de kite chacun, un sac de couchage, un kit de réparation, une trousse de premiers-secours, leur journal de bord, un livre de développement personnel, un téléphone satellite, des outils de recherche scientifique, des vêtements de rechange et une immense carte de l'Antarctique.

Dès le premier jour, Dansercoer et Deltour suivirent un rythme quotidien stricte. « Une fois sur la glace, il est essentiel de mettre en place vos routines aussi vite que possible, » expliqua Dansercoer. « Et j'ai appris que cela fonctionne mieux quand on s'en tient à un programme strict et prédéfini. » En raison du contraste entre la température extérieure et l'état de sommeil du corps, il est très important d'établir rapidement un rituel matinal (pour éviter de mourir gelé pendant que votre corps se réchauffe pour affronter le froid). La journée de Dansercoer commence à 6h30 le matin. Il s'habille rapidement avec ses vêtements déjà préparés, vide la bouteille d'urine, enlève les cristaux de glace de la tente, démarre la petite cuisinière, rassemble de la neige pour la faire fondre, réveille Sam, met son nez à l'extérieur de la tente pour évaluer les conditions météorologiques, choisit son pardessus pour la journée, remplit un thermos, boit du thé, prend une pause toilette, mange son petit-déjeuner, plaisante avec Sam, se lave, analyse les conditions météorologiques, et décide du meilleur plan pour la journée. Ensemble, ils jettent leurs sacs hors de la tente, chargent les traîneaux, démontent la tente et préparent les ailes de kite. Par une matinée très froide, cette routine comprend un jogging pour faire circuler le sang.

Dansercoer sait tout sur le pouvoir des habitudes. Cela fait gagner du temps, libère l'énergie du cerveau et facilite le travail d'équipe. Et il sait les mettre en place selon une structure prédéfinie : un rythme. Au début de l'expédition, il leur fallait 3 heures pour terminer leur rituel matinal. Chaque décision était consciente et nécessitait de la volonté. Mais au bout d'un moment, la routine s'est installée et ils arrivaient à le faire en 90 minutes, un gain de temps de 50%.

Dansercoer n'est pas le seul aventurier polaire à suivre un rythme. En 1911, 2 équipes d'expédition étaient en quête d'être les premières personnes de l'histoire moderne à atteindre le Pôle Sud. Un groupe était dirigé par le norvégien Roald Amundsen et l'autre par Robert Falcon Scott. Après des semaines d'épreuves, de défis et de vifs dangers, l'équipe d'Amundsen arriva en tête. Plus d'un mois plus tard, l'équipe de Scott y parvint également. Mais à cause d'erreurs logistiques, de l'épuisement, du mauvais temps, et d'une pénurie de vivres ils ne revinrent jamais. L'auteur Roland Huntford étudia tous les détails des deux hommes et de leurs voyages jusqu'au Pôle Sud. Il remarqua que le rythme quotidien était l'une des raisons principales qui explique pourquoi Amundsen réussit… Et pas Scott.

1.
Les intentions de mise en œuvre

Quelques jours avant les vacances de Noël, le professeur Peter Gollwitzer demanda de l'aide à ses étudiants. Il leur dit qu'il étudiait la façon dont les gens passent leurs vacances. Et pour obtenir les informations nécessaires, il leur demanda d'écrire un rapport sur leur façon de passer le réveillon de Noël. Pour gagner des crédits, il fallait l'écrire et l'envoyer par e-mail aux chercheurs au plus tard 48 heures après.

En réalité, Gollwitzer n'était pas intéressé par leurs activités de vacances. Il voulait savoir comment les gens gèrent les objectifs quand il y a beaucoup de distractions. Et quoi de mieux que de donner à un groupe d'étudiants un devoir à rendre rapidement pendant leurs vacances ?

Un groupe d'étudiants n'eut pas plus d'instructions et ils partirent célébrer leurs vacances. Le deuxième groupe reçut un questionnaire en plus sur lequel ils devaient indiquer exactement où et quand ils rédigeraient leur rapport pendant ces 48 heures critiques.

Maintenant, imaginez que vous êtes l'un de ces étudiants. Vous arrivez à la maison après un semestre difficile. C'est Noël. Vous avez le temps de prendre des nouvelles de votre famille et de vos amis. Le feu est allumé dans la cheminée, les cadeaux sont sous le sapin et il y a des plats cuisinés maisons, quelques boissons et des frères et sœurs pour vous défier à un jeu de Playstation. Mettriez-vous tout cela de côté pour écrire votre rapport ?

Réponse ? Si vous aviez noté une heure et un endroit précis pour finir l'écrit, vous le feriez probablement. Gollwitzer et son équipe de recherche ont trouvé que des signaux spécifiques, qu'il appelle « *les intentions de mise en œuvre* », aident les individus à agir. Dans l'expérience, les étudiants du deuxième groupe devaient écrire une heure et un endroit précis où ils rédigeraient le rapport. Par exemple, « Je vais écrire mon rapport avant le petit-déjeuner du 26 décembre dans ma vieille chambre à coucher. » Dans le premier groupe, seulement 33% réussirent à terminer le devoir dans les temps. Mais parmi les individus du groupe qui a utilisé les intentions de mise en œuvre, ceux qui ont écrit une heure et un endroit précis, 75% ont rédigé le rapport.

Des centaines d'études ultérieures ont depuis confirmé les découvertes de Gollwitzer. Des signaux spécifiques quant au moment et à l'endroit où vous allez agir ont un effet positif sur l'accomplissement des tâches. *Les intentions de mise en œuvre fonctionnent.* Et cela fonctionne particulièrement bien lorsque nous faisons face à un défi difficile, comme l'a découvert un groupe de patients de 68 ans en se remettant d'une opération de la hanche.

Deux chercheurs ont voulu tester la force des intentions de mise en œuvre dans des situations difficiles. Pour ce faire, ils sont allés à l'hôpital et ont recruté un groupe de patients qui devaient être opérés de la hanche. Ce que vous devez savoir, c'est que le processus de récupération d'une telle procédure médicale est assez difficile. La douleur s'aggravera avant de s'améliorer. Il n'est donc pas difficile de comprendre que les patients n'aiment pas faire ce que le médecin a prescrit à cause de la douleur qu'ils s'infligent. Même s'ils savaient que la douleur les aiderait à se rétablir plus rapidement et à éviter de développer des caillots sanguins potentiellement mortels.

Après l'opération, un groupe de patients reçut un livret expliquant en détail le processus de récupération de 3 mois. Il contenait également une section où ils pouvaient écrire exactement ce qu'ils allaient faire. Par exemple, « Si vous allez vous promener cette semaine, écrivez s'il vous plaît où et quand vous prévoyez d'aller marcher. » On demandait à ces patients d'établir les intentions de mise en œuvre pour les actions qu'ils voulaient entreprendre pour se rétablir. Les résultats furent spectaculaires. En moyenne, ces patients qui travaillaient avec le livret prenaient leur bain 4 semaines plus tôt, sortaient du lit 6 semaines plus tôt et se levaient après 3,5 semaines au lieu de 7,7.

En général, la recherche scientifique prouve que lorsque nous faisons face à une tâche facile, définir où et quand nous allons la faire augmente son taux de réussite d'environ 10%. Mais lorsque nous faisons face à un défi difficile, utiliser les intentions de mise en œuvre augmenteront notre taux de réussite d'un colossal 300%. *Les intentions de de mise en œuvre triple notre kilométrage sur le chemin de l'exécution.*

Selon Gollwitzer, les intentions de mise en œuvre ont un tel impact positif parce qu'elles nous aident à *précharger des décisions difficiles.* « En élaborant les intentions de mise en œuvre, les gens passent de manière stratégique d'un contrôle laborieux et soucieux de leur comportement motivé par des objectifs au fait d'être automatiquement contrôlé par des signaux de situation » souligne-t-il. En d'autres termes, nous prenons une décision rationnelle à l'avance, quand nous mettons où et quand dans notre agenda. Et quand vient le moment d'agir, notre agenda nous protège du renoncement.

Avez-vous remarqué la différence importante entre l'intention de mise en œuvre et l'action ? Une action identifie ce dont vous avez besoin pour atteindre la ligne d'arrivée. L'intentions de mise en œuvre est un engagement spécifique pour définir où et quand vous agirez. En bref, une intention de mise en œuvre est une indication d'action. Et comme nous l'a appris Gollwitzer, ajouter une indication d'action à une action fait toute la différence, surtout quand nous savons que nous devons agir mais que trouvons difficile de le faire, comme une camarade étudiante qui veut gagner des crédits supplémentaires avec un rapport qu'elle doit rédiger pendant ses vacances, un patient âgé de 68 ans qui veut se remettre mais qui craint la douleur, ou un aventurier qui veut traverser l'Antarctique mais fait face des épreuves incroyables.

2.
Les ancrages stratégiques

Jusqu'à présent, dans notre quête pour comprendre comment développer des habitudes dans notre parcours stratégique, nous avons appris que les intentions de mise en œuvre sont cruciales pour réaliser des choses difficiles. Ces signaux « où et quand » permettent de faire avancer les choses en préchargeant les décisions d'exécution difficiles.

Nous avons également appris que les habitudes naissent de la répétition. Si nous voulons automatiser les petites décisions qui font bouger nos indicateurs avancés, nous devons également répéter les signaux encore et encore. Une fois que les actions pour faire bouger les indicateurs avancés sont identifiées, les voyageurs doivent spécifier *où et quand ils agiront de manière répétitive.* Ils doivent installer un rythme d'exécution, comme Dixie Dansercoer dans *Making Habits, Breaking Habits*, Jeremy Dean raconte l'histoire suivante :

Un jeune comédien demanda à Jerry Seinfeld, le célèbre comédien, des conseils pour s'améliorer. Seinfeld répondit que la clé pour être un meilleur comédien était d'écrire de meilleures blagues, et pour écrire de meilleures de blagues, il faut s'entraîner. Mais il ne s'agit pas seulement de pratiquer en général, expliqua Seinfeld. Il s'agit de construire une habitude : l'habitude d'écrire. Seinfeld conseilla d'utiliser une simple astuce pour mettre en place l'habitude. Tu achètes un grand calendrier mural avec une case pour chaque jour de l'année. Ensuite, chaque jour où tu accomplis ta tâche d'écriture, tu dessines une grande croix sur le calendrier. Au fil des semaines, la chaîne des croix sur le calendrier s'allonge de plus en plus. Ton seul boulot, conseilla Seinfeld est de ne pas briser la chaîne. *Il incita vivement le jeune comédien à développer un rythme.*

Les signaux hebdomadaires répétitifs qui aident à automatiser les décisions d'exécution sont appelés : *Ancrages Stratégiques.* Ils nous aident à affronter le bandit l'épuisement de la volonté tant que les habitudes demeurent informes ou fragiles. Ces ancrages veillent à ce que nos bonnes intentions sur la voie du succès ne se fassent pas chasser par les distractions quotidiennes, les destinations concurrentes ou les mauvaises habitudes existantes. Vous avez sans doute remarqué que je suggère un rythme hebdomadaire alors que Dansercoer et Seinfeld favorisent un rythme quotidien. Il est vrai qu'un rythme quotidien crée des habitudes plus rapidement, mais dans mon expérience, une planification journalière est irréaliste dans la plupart des environnements d'affaires. Un rythme hebdomadaire vous offre cependant le bénéfice de répétitions régulières, tout en respectant un flux d'affaires plus naturel. Comme les auteurs des *4 disciplines de l'exécution* le soulignent bien : « Dans de nombreux environnements d'exploitation, les semaines représentent un rythme naturel ou une vie organisationnelle. Nous pensons en semaines. Nous parlons en semaines. Elles ont un début et une fin. Elles sont la base de la condition humaine et constituent une parfaite cadence de responsabilité. »

Les ancrages stratégiques n'ont pas à dominer l'agenda. Mais ils doivent être là, semaine après semaine, mois après mois. Il y aura des moments où les voyageurs feront face à des distractions tentantes, comme ces étudiants pendant leurs vacances de Noël. Il y aura des moments, surtout au début, où ils se demanderont si tout cela en vaut la peine. Il y aura des moments où les voyageurs seront submergés par le travail et n'auront pas vraiment le temps. Mais le manuel d'utilisation des ancrages stratégiques est très simple. Si quelqu'un, pour quelque raison que ce soit, enlève un ancrage de son agenda, il doit le remettre dans la même semaine. J'ai passé beaucoup de dimanches à rattraper les blocs d'écriture de 90 minutes que j'avais repoussé les 6 autres jours de la semaine. Mais je n'ai jamais rompu le rythme hebdomadaire, car je savais que cela serait la fin de mon parcours d'écriture. Enlevez l'ancre et le navire est perdu. La stratégie ressemble alors à une épave qui se balance sur les vagues, destinée à échouer loin de la ligne d'arrivée.

Heureusement, après un certain temps, le pouvoir de l'habitude se manifeste et les ancrages stratégiques se renforcent. Et si vous continuez, ils seront si ancrés que vous répondrez automatiquement au signal, comme les dirigeants d'Alcoa en ont fait l'expérience. L'un racontait qu'il avait vu de sa fenêtre de bureau des gars travailler sur un pont sans utiliser les procédures de sécurité appropriées. Il descendit cinq étages par les escaliers pour dire à ces gars qu'ils étaient en train de risquer leur vie. Quand on lui dit que leur superviseur n'avait pas apporté l'équipement, il appela le bureau local de l'administration de la sécurité et de la santé au travail et dénonça le superviseur. Un autre dirigeant raconta qu'il s'était arrêté au niveau d'un creusement de la route près de chez lui pour sermonner les ouvriers qui n'avaient pas installé de caisson de tranchée. Décider de s'arrêter pour s'adresser à un groupe d'ouvriers le week-end avec ses enfants dans la voiture n'est pas un comportement ordinaire. *Nous ne déciderions pas naturellement de le faire.* Mais c'est justement ça. L'habitude de sécurité d'Alcoa a pris le dessus. Les habitudes sont une force de la nature. Et nous aussi, nous pouvons tirer avantage de leur pouvoir dans notre parcours stratégique. Nous devons simplement suivre la logique de la nature pour créer une habitude. Et la logique est la suivante : les ancrages stratégiques forcent la répétition. La répétition créée des routines. Les routines gagnent contre l'épuisement de la volonté. Les mains (*hands*) prennent le dessus sur la tête (*head*). Et l'activité, autrefois vécue comme extrêmement difficile, devient une seconde nature. Une habitude est née.

•••

Les 10 premiers jours de l'expédition, Dansercoer et Deltour ne progressaient pas comme prévu. Une méga tempête créa un sastruga (une irrégularité topographique tranchante résultant de l'érosion causée par le vent) anormal et violent dans la zone où ils avaient commencé leur voyage. Les progrès contre un vent de face tempétueux étaient si laborieusement lents qu'ils devaient être deux pour tirer un seul traîneau, en allant et venant d'un traîneau à l'autre. Après une semaine, ils auraient dû avoir parcouru 418 kilomètres. Ils n'en avaient fait que 26. Est-ce que cela signait la fin de leur voyage ? Leur siège social prit contact avec Irina Gorodetskaya, une scientifique spécialisée dans les conditions météorologiques en Antarctique. La seule option, dit-elle était de recommencer depuis une zone où la tempête n'avait pas fait autant de dégâts sur le terrain. Après une longue délibération, prenant un risque avec des implications financière, Dansercoer et Deltour décidèrent d'y aller. Ils savaient qu'ils ne pourraient pas terminer la boucle avec leurs stocks de nourritures restants. Mais s'ils respectaient leur effort quotidien initialement prévu, ils pourraient encore être en mesure de battre le record.

Leur décision porta ses fruits. Et même si le terrain était encore difficile, il était moins hostile qu'auparavant. Ils ont pu utiliser leurs ailes et firent une bonne progression. Le 30ème jour, ils atteignirent leur première étape importante, le Pôle Sud. « Une petite victoire, écrivit Dixie dans son journal, même si nous avons encore une très longue route devant nous. Mais ce sont des soucis pour plus tard. Maintenant, c'est l'heure de fêter ça. »

3.
De la stratégie à…

Les découvertes exposées dans les 2 derniers chapitres ont 3 conséquences importantes sur la manière dont nous regardons les parcours stratégiques réussis. Tout d'abord, l'expression « *de la stratégie à l'action* », souvent utilisée pour décrire la bonne exécution d'une stratégie, est un mantra d'exécution dangereux. Cela nous amène à penser que les actions sont la station finale, la dernière étape dans la cascade stratégique. Mais elles ne le sont pas. Des recherches nous montrent que même si nous choisissons les bonnes actions, il y a de grandes chances que rien ne se passe à cause de l'épuisement de la volonté. Et cela est particulièrement vrai lorsque l'on veut accomplir des choses difficiles. Si nous voulons maximiser nos chances d'atteindre la ligne d'arrivée, les ancrages stratégiques sont un complément essentiel aux actions. Nous rendons notre parcours stratégique beaucoup plus facile en ancrant les petites décisions dans le planning hebdomadaire des voyageurs, en établissant un rythme qui crée des habitudes. Par conséquent, un meilleur mantra d'exécution devrait être « *de la stratégie aux ancrages stratégiques.* » C'est seulement lorsque la stratégie elle-même se retrouve ancrée dans les agendas de chacun que les voyageurs battront le bandit de la volonté et créeront de nouvelles habitudes. C'est seulement lorsque cela se produit que la culture obsolète peut être remplacée par un ensemble de nouvelles habitudes qui soutiennent le Modèle de Mintzberg. C'est seulement lorsque les stratèges introduiront les ancrages stratégiques que les voyageurs pourront suivre la trajectoire de l'exécution jusqu'au bout.

Deuxièmement, ces découvertes nous poussent à avoir un regard différent sur les horizons temporels traditionnels que les stratèges utilisent. Lorsque nous envisageons l'avenir, nous divisons souvent l'avenir en trois périodes. Notre premier horizon temporel se situe entre 5 et 15 ans et se penche sur les tendances à long terme de l'industrie et des consommateurs. La seconde perspective est de 3 à 5 ans et veut poursuivre une position unique dans l'industrie. La troisième est un cycle annuel, qui traduit notre ambition en objectifs opérationnels. Mais si nous suivons la logique que la science nous présente, nous devrions ajouter une quatrième période de temps qui semble assez contre-intuitive pour un stratège. *Nous devons penser en semaine.* Soyons absolument clairs. Penser en période hebdomadaire n'est pas la même chose qu'un raisonnement à court-terme. Ce dernier est axé sur un temps chronologique, demain, la semaine prochaine ou le mois prochain. Le rythme hebdomadaire nous demande de décomposer notre parcours stratégique en un rythme hebdomadaire, comme Dansercoer a décomposé son aventure en un rythme quotidien. Les stratèges qui réussissent pensent en rythme hebdomadaire pour les différents groupes sur le chemin de l'exécution. *Et ils le font bien avant que le parcours stratégique ne commence.*

Enfin, nous devrions adopter le pouvoir des habitudes, en puisant dans ce puits de la force humaine. Au cours de ce livre, nous avons rencontrés un certain nombre de bandits, tels que la paralysie de la décision, la malédiction du savoir et Golem, qui progressent dans les épreuves du parcours stratégique. Toutes ces particularités humaines font de l'exécution de la stratégie un voyage difficile, qui donne l'impression de pousser une grosse boule de neige en haut d'une colline abrupte. Et à chaque pas que nous faisons, le défi de l'exécution grandit encore et encore, et cela devient plus difficile de pousser jusqu'en haut. Mais quand nous faisons la troisième connexion, quand nous connectons notre stratégie aux mains (*hands*), cette fois, la nature humaine fonctionne en notre faveur. C'est un fait de l'existence que notre pouvoir de décisions rationnelles, notre tête (*head*), ne peut échapper au bandit de l'épuisement de la volonté. Mais les habitudes le peuvent. Les habitudes sont notre carte maîtresse, notre as qui bat tous les autres dans le jeu de l'exécution. « Les habitudes nous entraînent irrésistiblement vers notre destinée » écrit William James, le célèbre psychologue. Une fois que les voyageurs ont les cartes gagnantes dans leurs mains, nous avons atteint le sommet de la colline. Une fois que notre stratégie trouve sa place dans les mains des voyageurs, une fois que les petites décisions deviennent des habitudes, la boule de neige peut suivre une trajectoire descendante jusqu'à la ligne d'arrivée. La progression de l'exécution devient automatique, le comportement humain gagne et les voyageurs sont irrésistiblement entraînés vers la ligne d'arrivée.

...

Retour à la glace. Au 32ème jour, les aventuriers se déplacèrent sur un territoire inexploré. Ils avaient encore 2897 kilomètres devant eux. Au cours des 30 jours suivants, ils firent d'excellent progrès. Mais le destin frappa à nouveau. La température chuta à un niveau dangereux. « Des températures entre -20 et -30 degrés sont ce à quoi vous pouvez vous attendre, déclara Dixie. Vous devez être vigilant, mais il n'y a pas de risque immédiat. Mais quand la température descend en-dessous de -30 degrés et que le vent souffle violemment, vous jouez à la roulette russe. Une mauvaise décision vous coûtera très chère. » *Et cela ne manqua pas d'arriver.*

Il faisait -41°C le 64ème jour. Mais le vent était léger alors ils décidèrent d'y aller. Pendant une courte pause, Dixie dit à Sam qu'il avait une drôle de sensation dans la joue. Pour Sam, c'était un signal d'alerte évident car son compagnon de voyage ne se plaignait jamais. Et il s'avéra que ses peurs étaient fondées. La joue de Dansercoer souffrait d'engelures de deuxième et troisième degré. Cela n'était jamais arrivé auparavant. Dans le même temps, Sam avait ses propres problèmes. Le snowkite en continu faisait payer son prix. Sa cheville était infectée et il pouvait à peine marcher. Devaient-ils abandonner la mission ? Ils décidèrent de soigner leurs blessures et de se donner une dernière chance. Dans le même temps, ils préparaient un plan d'évacuation au cas où cela ne fonctionnerait pas. La formation médicale de Deltour s'avéra très utile.

Il s'injecta au-dessus et en-dessous de sa cheville une dose de cortisone qu'il avait amené en cas d'urgence et soigna les engelures de Dansercoer avec de l'aloe vera. Leur ténacité paya. Ils continuèrent, lentement mais sûrement. Et un jour de tempête en Février, Dixie Dansercoer et Sam Deltour atteignirent 69° 33' 24 S / 93° 36' 20 E. Après un périple exténuant de 74 jours, les deux voyageurs de l'Antarctique franchirent leur ligne d'arrivée. Ils devinrent les premiers hommes à parcourir 5000 kilomètres à travers le Pôle Sud, ouvrant une nouvelle route dans l'Est de l'Antarctique.

CHAPITRE 12

Le connecteur H^3

Au cours des *chemins secrets de l'exécution,* nous avons examiné plusieurs parcours d'idées réussis. Pensez à l'idée folle de Paul O'Neill qui a transformé une entreprise d'aluminium à la ramasse en une des meilleures exécutantes. Pensez à l'idée audacieuse de Donald Berwick qui a motivé les médecins et les infirmiers du monde entier à sauver plus de 100 000 vies. Ou pensez à l'idée impossible de Stephen Denning qui a transformé la Banque Mondiale en un acteur mondial de la gestion des connaissances. Tous ces parcours ont une chose en commun. Ce n'est que lorsque les gens ont commencé à se préoccuper de l'idée que quelque chose a commencé à se produire. C'est la première leçon des chemins secrets de l'exécution. C'est la connexion émotionnelle (*heart*) qui donne le coup d'envoi aux voyageurs. *C'est le lien émotionnel avec une idée qui motive les gens à contribuer, pas le caractère brillant de l'idée elle-même.* Cela vient comme une surprise. La plupart d'entre nous vont choisir une approche mentale (*head*) pour convaincre les autres de notre idée géniale. Nous recherchons les meilleures pratiques, compilons quelques graphiques bien choisis, répertorions tous les avantages et organisons nos résultats dans une présentation PowerPoint pertinente. Nous pensons : « Une fois qu'ils auront compris notre idée, ils nous aideront. » Mais quand il y a beaucoup d'incertitude, les gens hésitent à changer. Ils ne veulent pas bouger. Pour surmonter cette inertie et donner le coup d'envoi aux voyageurs, les stratèges doivent d'abord viser le cœur (*heart*).

Il existe plusieurs tactiques pour conquérir les cœurs (*heart*). Tout d'abord, nous pouvons trouver une bonne anecdote et l'enrouler autour de notre grande idée, tout comme Stephen Denning l'a fait. Il a repris l'anecdote de la Zambie d'une discussion informelle à la cantine et l'a emballée autour de son idée. Son anecdote de la Zambie a fait passer l'état d'esprit des dirigeants du rationnel « Suis-je d'accord avec cette idée ou non ? » à l'émotionnel « Pourquoi ne le faisons-nous pas ? » Souvenez-vous aussi de Bob Ocwieja. Il a repéré l'histoire de Jared, un étudiant obèse qui a commencé à manger au fastfood pour perdre du poids. Et cela s'est avéré être un très bon emballage autour de l'idée, « On peut manger sainement au Subway. »

Nous pouvons également ajuster l'environnement pour stimuler le micro-engagement. Pensez à l'histoire de Peter. Nous ne devrions pas nous contenter de petits engagements pour de grandes choses mais aller à la recherche de grands engagements pour les petites choses. Nous ne devrions offrir que de grands oui et encourager les autres à faire de même. Nous pouvons aider les autres à gravir l'échelle du micro-engagement en faisant du « non » une alternative acceptable pour les faux oui. Pensez simplement aux réussites étonnantes dans les cockpits et les salles d'urgence. Les voyageurs, tout comme les infirmiers et les copilotes, peuvent efficacement remettre en question les décisions. Ils doivent simplement apprendre comment.

Et nous pouvons stimuler notre foi. Nous avons vu qu'il est possible de faire que les coureurs courent plus vite, que les soldats se battent mieux et que les locaux l'emportent sur les immigrés. Étonnamment, la clé du succès est la croyance. Roger Bannister a couru la course du siècle parce qu'il se croyait capable de le faire. Seize coureurs ont couru la course de leur vie parce qu'ils se sont mis à y croire. Une poignée de soldats a fait mieux que les autres, seulement parce que leurs instructeurs étaient convaincus qu'ils en étaient capables. La réussite est une prophétie auto-réalisatrice. Quand on croit, notre corps et notre esprit rassemblent toutes nos ressources pour aller plus loin, récupérer plus vite et continuer plus longtemps. Quand les autres croient en nous, cette dynamique est encore plus forte. Pensez aux soldats israéliens. La foi de leurs instructeurs en a fait de meilleurs soldats. Comme les travailleurs locaux, ils avaient les capacités pour réussir. Ils avaient juste besoin que quelqu'un croit en eux, pour qu'ils puissent croire en eux-mêmes à leur tour.

Mais les voyageurs ne peuvent terminer le parcours stratégique seulement avec de la motivation. Pour pouvoir prendre de bonnes décisions au quotidien, ils ont besoin de comprendre votre idée. Si la stratégie est un modèle de décision, l'exécution de la stratégie permet aux gens de créer un modèle de décision. Cette notion nécessite un grand changement dans la façon dont nous pensons à l'exécution. En tant que stratège regardant l'exécution de la stratégie, nous devrions imaginer un arbre de décision plutôt qu'un plan d'action. C'est la deuxième leçon des chemins secrets de l'exécution. *Les modèles de décisions sont au cœur des parcours stratégiques réussis, non les listes de tâches.* Pour améliorer la vitesse et la précision de l'exécution, nous devrions déployer notre énergie à aider les gens à prendre de meilleures décisions plutôt que de leur demander d'élaborer des plans d'action.

Le début d'un parcours stratégique est marqué par un grand choix, une décision sur le « qui » et le « comment ». La fin est une ligne d'arrivée, une carte postale de destination qui capture le cœur du grand choix et qui montre aux voyageurs d'une façon inspirante à quoi la réussite de la stratégie ressemble. Entre le début et la fin, les décisions au jour le jour jouent un rôle clé. Ces PETITS choix doivent être alignés avec le grand choix pour créer un chemin, un Modèle de Mintzberg. Les stratèges qui réussissent facilitent ces petits choix en utilisant 4 tactiques. Ils fournissent une liste de Non pour limiter les options, tout comme Michael Porter nous l'a enseigné. Ils fournissent une intention décisionnelle pour les options restantes, tout comme Alexandre Behring l'a fait avec ses 5 règles simples qui ont remis la compagnie ferroviaire brésilienne sur la bonne voie. Ils gardent le cœur de la stratégie sans Graffiti Stratégique, tout comme les responsables marketing qui protègent leur marque. Enfin, ils fournissent un ensemble de panneaux indiquant la ligne d'arrivée pour garder tout le monde dans le droit chemin, comme la sabermétrie de Billy Beane qui a montré à son équipe le chemin vers le succès.

Mais même lorsque les voyageurs suivent le bon chemin, leur périmètre de manœuvre autonome est limité. Même s'ils le veulent (ils s'en soucient) et qu'ils ont les bonnes informations pour décider (ils comprennent), les efforts s'arrêteront après quelques semaines. Pas parce qu'ils ne le veulent pas, mais parce qu'ils sont à court d'essence. Leur volonté est épuisée. C'est la troisième leçon des chemins secrets de l'exécution. La capacité humaine à prendre des décisions rationnelles est limitée. Cela explique pourquoi 88% des nouvelles résolutions n'atteignent pas le mois de février, pourquoi les participants qui ont eu les radis au lieu des cookies abandonnent 50% plus vite, et pourquoi les très bons plans d'action finissent par prendre la poussière sur une étagère.

Heureusement, il existe des moyens d'accroître l'autonomie des voyageurs sur le chemin de l'exécution. Comme les 500 ingénieurs de Ratan Tata, vous pouvez marcher sur la corde raide de la simplicité, en créant un environnement de travail où la CO_2mplexité ne ralentit pas la prise de décisions. Comme Dixie Dansercoer, vous pouvez tirer avantage du pouvoir des habitudes pour déjouer l'épuisement de la volonté. Vous devez juste suivre la logique de la nature. Et la logique est la suivante : les ancrages stratégiques forcent la répétition. La répétition créée des routines. Les routines gagnent contre l'épuisement de la volonté. Les mains (*hands*) prennent le dessus sur la tête (*head*). Et l'activité, autrefois vécue comme extrêmement difficile, devient une seconde nature. Une habitude est née.

EN FIN DE COMPTE, LE SUCCES DE LA STRATEGIE dépend en grande partie de la capacité du stratège à réussir les connexions H³. Et bien que la nécessité de cette triple connexion soit évidente, la plupart des concepteurs d'idées ne s'y méprennent pas, les connexions H³ réussies sont beaucoup plus difficile à réaliser que la plupart d'entre nous ne le pense. Pas tellement à cause de qui nous sommes, mais à cause de la façon dont nous sommes programmés en tant qu'être humain. Quand notre idée, qu'il s'agisse d'une stratégie d'entreprise, d'un business plan pour le lancement d'un nouveau produit ou d'une politique visant à améliorer le système éducatif, entre en contact avec une dynamique humaine vieille de plusieurs millions d'années, notre idée a des ennuis. Si nous voulons que les gens comprennent notre idée, nous devons surmonter la malédiction du savoir. Si nous voulons que les gens fassent les bons choix, nous devons combattre le bandit la paralysie de la décision. Si nous voulons garder le cœur de notre idée visible, nous devons combattre la distorsion du message. Si nous voulons que les autres contestent les décisions discutables, nous devons éviter le discours atténué. Si nous voulons que toute l'équipe soit performante à son maximum, nous devons nous attaquer au Golem. Si nous voulons accélérer la prise de décisions, nous devons réduire la CO_2mplexité. Et si nous voulons que les gens continuent à faire avancer notre idée, nous devons déjouer l'épuisement de la volonté. *Ces puissantes complexités humaines rendent les parcours stratégiques extrêmement difficiles.* Elles expliquent également pourquoi la plupart des stratèges prennent le chemin le plus long pour atteindre la ligne d'arrivée. Ou pire, n'y parviennent jamais.

Mais s'il y a des difficultés sur le chemin de l'exécution, il y a aussi de grands espoirs. Simplement en racontant une histoire autour de notre grande idée, en adoptant un concept d'équipe et en renforçant la foi, nous pouvons motiver les autres. En fournissant un support de priorisation, une ligne d'arrivée et quelques panneaux bien choisis, nous pouvons améliorer la prise de décisions. En simplifiant l'environnement de travail et en cultivant les bonnes habitudes d'exécution, nous pouvons donner de l'énergie aux voyageurs. Et c'est une excellente nouvelle. *Cela signifie que nous pouvons influencer le chemin qu'emprunte notre stratégie.* Cela signifie que nous pouvons grandement améliorer les chances de succès de la stratégie en notre faveur. En fin de compte, les chemins secrets de l'exécution de la stratégie, signifie exploiter le potentiel caché que nous avons tous en tant qu'êtres humains. Alors pourquoi ne pas puiser dans ce puits de la force humaine ? Pourquoi ne pas être un connecteur H³ ? Connecter votre stratégie aux cœurs (*hearts*), aux têtes (*heads*) et aux mains (*hands*) de vos compagnons de route et découvrez le chemin caché vers le succès.

...

Postface d'Agathe Vigneras et Lysiane Ho A Kwie

N'avez-vous jamais vécu de moment intense, où vous avez l'impression d'avoir touché votre nature essentielle ? Un enchantement profond dans la parfaite maîtrise de l'activité du moment, où l'énergie de votre corps (*hands*), de votre cœur (*heart*) et de votre esprit (*head*) – en symbiose – est utilisée pleinement et concentrée dans la réalisation de quelque chose de difficile et d'important ?

Et ce quelque chose de difficile et d'important c'est notre histoire.

Ce type d'expérience est reconnu depuis quelques années et porte le nom d'expérience optimale, expérience super-consciente ou encore expérience paroxystique. C'est-à-dire le summum, le paroxysme de ce que l'être humain peut éprouver en terme de ressenti positif. Ces expériences ne sont pas seulement une des dimensions de la vie, c'est la vie elle-même. La connexion H^3 permet une performance accrue si elle est vécue comme la pleine expression de votre potentiel personnel. Vous déclinez alors les objectifs stratégiques en une ligne d'arrivée qui fait sens pour vous.

L'approche en posture humble d'anthropologue, nous a donné l'opportunité d'explorer, d'expérimenter et de partager la complexité et les paradoxes vécus sur le chemin de l'exécution de la stratégie dans la traduction en français du livre *The Execution Shortcut* de Jeroen de Flander, expert en exécution de stratégies internationales. Nous allons vous raconter cette histoire. Alors, sans plus attendre, commençons.

Agathe comment as-tu choisi ce livre ? « *J'ai aimé le contenu (cœur), je l'ai trouvé concret (corps), complet et bien écrit (esprit). Je me suis reconnue dans le livre de Jeroen parce qu'il confirmait des choses que je pensais* ».

Comme quoi par exemple ? « *La conscience de l'alignement cœur, corps, esprit qui permet d'ouvrir à d'autres possibles par un peu de travail d'introspection. Celui qui a l'idée, celui qui innove, voit un monde qui n'existe pas encore. Comment peut-il manifester son monde intérieur et comment peut-il le concrétiser aux yeux des autres ? La réussite d'un projet passe nécessairement par une mise à nu, une connexion H_3 qui crée du* *leadership dans le système. Une fois que la stratégie est partagée et accueillie dans les cœurs, elle n'appartient plus au stratège. Elle est un être à part entière qui doit pouvoir continuer à vivre sans le stratège au risque de se perdre en l'absence de celui-ci.»*

Qu'est-ce qui as fait que tu as voulu traduire ce livre ? « *Je crois au contenu de ce livre et je souhaitais le faire connaître.* » J'ai pu moi-même constater que pour nourrir son besoin de partager la connaissance au plus grand nombre, Agathe achète un livre en plusieurs exemplaires pour l'offrir à de parfaits inconnus qui le désirent sans rien attendre en retour. « *Beaucoup de gens ne comprennent pas voire se méfient d'un tel comportement, c'est leur « problème », je le fais parce que cela a du sens pour moi. Et, parce que c'est intégré jusque dans les cellules de mon être, il y a une certaine curiosité et attraction des autres vers moi de façon très fluide... un certain leadership* ». En partageant les fiches de ses lectures sur linkedin, elle est en passe d'atteindre près de 20 000 followers en 6 mois. « *Proposez des services gratuits en cohérence avec qui vous êtes et ils finiront par payer. Si ce n'est pas en richesses extérieures dans un premier temps, ce sera en richesses intérieures. Alors votre vision du monde changera, vous lâcherez prise sur vos attaches mentales (barrières, obstacles, blocages), et les richesses extérieures se présenteront en écho : notre réalité extérieure n'est que le reflet de notre réalité intérieure. Vous avez tout à gagner à être vous-même* » nous dit-elle. Et le livre *L'Exécution de la stratégie, chemins secrets* est entré en résonance sur le thème de la connexion H³ (*head, heart, hands*) qui parle d'alignement cœur, corps, esprit, au moment du choix de l'action à poser dans l'équilibre et la justesse. Elle rajoute : « *J'ai confiance en la vie et j'investis mon énergie en conscience* ».

Comment es-tu entrée en contact avec Jeroen De Flander ? « *Je lui ai envoyé un mail directement en lui demandant si cela était dans ses plans de traduire son livre et en proposant mon aide au besoin. Je l'ai fait de façon naturelle. Sans réfléchir. Je l'ai fait parce que j'ai senti que c'est ce qu'il fallait que je fasse. Avec un peu d'audace, j'ai pris le risque de demander et il a saisi l'opportunité de traduire son second livre The Execution Shortcut.* »

Elle a alors l'intuition que ce livre peut apporter de nombreuses réponses. L'intuition naît quand vous ressentez l'état de communion, quand votre mental arrête de trier, de vous isoler de votre environnement. Quand votre conscience de l'instant présent est suffisante pour que votre esprit ne vagabonde plus dans le passé et le futur. Par communion, vous êtes relié à la source, vous êtes relié à votre être essentiel, aux autres et à l'univers. L'intuition s'exprime sous forme de sentiment intérieur, de sensation physique et d'image ou de symbole que l'on capte inconsciemment et qui fait un bref éclat de lumière dans la conscience. Pour pouvoir saisir cet éclat il importe de déconnecter la pression de votre cerveau gauche analytique, des objectifs, du temps qui passe et reconnecter avec votre cerveau droit émotionnel. L'intuition nous permet d'acquérir une meilleure connaissance de soi et de ce qui vous anime. C'est le chemin naturel pour communiquer avec vos richesses intérieures et trouver le sens de votre présence sur Terre. Si vous avez confiance en vos ressources personnelles sans être centré sur vous-même, si vous vous ouvrez à l'environnement et vous impliquez dans le système que vous formez avec lui, vous trouverez une solution à vos problèmes et profiterez de ces occasions pour vous réaliser.

Vos rêves d'aujourd'hui sont vos réalités de demain, osez !

Quelle stratégie as-tu mis en place pour la traduction de ce livre ?
« *Je me suis véritablement engagée dans ce projet. La traduction avait déjà été retardée pour diverses raisons alors pour redonner de l'énergie à Jeroen et Vincent (et, par effet miroir, me maintenir dans mon niveau de motivation), j'ai proposé une deadline ambitieuse. Investie sur le moment dans d'autres projets, j'ai demandé à Marie (une cousine littéraire) de m'aider. Comme le livre parlait de la connexion H³, conviction bien métabolisée pour toi (Lysiane) comme pour moi, au travers de nos projets communs sur le sujet, je t'ai proposé d'être mon binôme pour la mise en page du livre. Par un « grand oui » tu as tout de suite pris cette responsabilité.*

J'avais demandé à Marie de m'envoyer 2 chapitres traduits par semaine et j'adaptais mon rythme en parallèle. Au début je relisais 1 chapitre par semaine pour honorer mes engagements prioritaires, puis j'accélérais le rythme sur la fin au fur et à mesure que mes projets se terminaient. Jeroen avait insisté pour que son style d'écriture soit conservé et Marie connaissait peu le monde des affaires. Alors pour être juste dans ma valeur d'excellence, j'entrepris un travail minutieux de réajustement de la traduction. En cohérence, je ressentais que c'était la bonne chose à faire quand bien même j'y investissais beaucoup plus de temps que je n'avais imaginé au départ. Ne souhaitant consacrer plus d'énergie (au risque de mettre en péril mon équilibre, donc ma performance), je mettais mes intentions de mise en œuvre dans mon agenda et je coupais les ruminations pour rester concentrée sur l'action.

Plus les choses avançaient, plus je consommais de l'énergie par l'effort, et plus je gagnais de l'énergie par une satisfaction personnelle à chaque sous-objectif atteint. Quelques semaines passèrent et j'acceptais le sentiment de solitude grandissant tant l'énergie de la ligne d'arrivée approchant était de plus en plus forte.

Puis arriva le dernier chapitre de traduction. Je pensais innocemment que la ligne d'arrivée était atteinte. J'étais équilibrée et satisfaite. Quelle ne fut pas ma confusion quand je compris que nous n'étions seulement qu'à la moitié du chemin ! J'étais maintenant vidée et confuse. C'est à ce moment-là que je reçus un message personnel de Jeroen dont le sujet était « Merci ». Il me remerciait du travail effectué et me disait qu'il était content que je fasse partie du projet. Il connaissait cette période étrange entre la fin de la traduction et le lancement du livre. Il me dit de prendre plaisir dans la poursuite de ce chemin, nous avions voyagé si loin. La partie « fun » allait arriver bientôt. Nous avions tout pour atteindre la ligne d'arrivée.

Mon sentiment d'être vidée s'évapora dans la seconde. C'était vraiment incroyable. La suite fut flow total.

J'ai trouvé mon sens dans ce projet, il est très cohérent avec tout ce que j'ai entrepris par ailleurs, qui me fait tendre au plus proche de ce que je suis. C'est d'autant plus vrai aujourd'hui qu'il y avait une partie d'inconnu au départ. J'y ai trouvé ce que j'avais besoin de satisfaire et ai mis en place les stratégies nécessaires pour créer l'énergie qui me permettrait de continuer. Je me sentais équilibrée, en connexion H^3.

Je ne mets pas les head, heart, hands en traduction de ce qui est dit pour vous laisser profiter de l'anecdote. Mais si vous faites l'exercice, ils sont partout

« en ascenseur » et de manière équilibrée. La source d'énergie (haute ou basse) vient d'un centre d'énergie (le cœur, le corps ou l'esprit) et j'interroge par va--et-vient les autres centres pour valider l'alignement. Imaginons que la source d'énergie est la tête, je me demande alors « quand je pense ça, qu'est-ce que je ressens ?» Puis « quand je ressens ça, qu'est-ce que je fais ?» Puis « quand je fais ça qu'est-ce que je pense ? Est-ce que je suis OK avec moi-même dans ce que je pense, dans ce que je ressens et dans ce que je fais ? Est-ce juste pour moi ? Suis-je juste avec moi ?» Plus vous prendrez l'ascenseur, plus vous toucherez votre essence profonde. S'il s'agit d'une énergie basse (confusion mentale/perte de sens, émotion désagréable, corps bloqué ou malade), alors j'ai l'indication que je ne suis pas alignée. S'il s'agit d'une énergie haute (réalisation de soi, émotion agréable, corps fluide et léger), alors j'ai l'indication que je suis alignée. Donc avec un niveau d'énergie optimal. Donc performante et sereine. Tout est lié.»

Quel serait ton meilleur conseil ? *« Engagez-vous : décidez de donner un « grand oui » et prenez la pleine responsabilité de l'exécution. Mobilisez toutes vos ressources internes, toute votre énergie et passez à l'action : faites la connexion H³. La pensée est une énergie. Le muscle est une énergie. L'émotion est une énergie. Ces 3 centres d'énergie peuvent générer des énergies hautes qui dynamisent comme des énergies basses qui limitent la performance. Les 7 bandits décrits par Jeroen sur les chemins de l'exécution sont des énergies basses issues de la tête. La bonne nouvelle, c'est que vous avez le pouvoir de les déjouer. »*

1.
D'abord prenez conscience de qui vous êtes et de ce qui fait sens pour vous.

Soyez vous-même, dans ce que vous êtes véritablement en profondeur, en équilibre, dans ce qui est juste pour vous dans le moment présent. Renoncez à être ces façades, à être ce que vous n'êtes pas. N'essayez pas d'être plus, avec toute l'insécurité et les mécanismes de défense que cela entraîne. N'essayez pas d'être moins, avec les sentiments de culpabilité ou de dépréciation de soi que cela implique. Vous dépensez deux fois plus d'énergie en mettant un masque. Vous donnez ce que vous n'êtes pas, c'est consommateur, et vous recevez ce que les gens pensent que vous êtes que vous avez donné que vous n'êtes pas en vérité, alors vos véritables attentes ne sont pas satisfaites, et vous êtes déçu du monde qui ne vous comprend pas : c'est totalement contre-performant, et vous êtes responsable, sans blague.

La voie de l'authenticité conduit à l'acceptation inconditionnelle de soi et de l'autre. Elle rend efficace nos efforts pour établir des rapports constructifs et pérennes avec d'autres individus.

Chaque être humain naît avec un potentiel et possède des capacités innées pour réaliser des choses extraordinaires. Mais l'existence de ce potentiel ne garantit pas le résultat.

Comment identifier vos talents ? Le meilleur moyen est de prendre du recul et de regarder à l'intérieur de vous-même. Tout d'abord, connaître vos valeurs et avoir conscience de soi, de ce que vous êtes réellement, est vital à la découverte de vos talents innés. Lorsque nous éprouvons un certain bien-être, c'est que nous sommes sur la bonne voie. En dotant les talents d'un retour d'information sous forme d'un sentiment de satisfaction, la nature veille à ce que nous puissions continuer à les utiliser. Vivre en utilisant quotidiennement ses points forts demande une certaine maturité, cela demande d'être audacieux, d'être à l'écoute de l'autre et surtout de continuer à étudier ses points forts en dépit des influences qui nous incitent à les délaisser.

Par sa conscience, l'homme est un être de sens. Le besoin de sens est fondamental à l'existence humaine et à notre bien-être. La question clé, posée et répétée par l'enfant en bas âge jusqu'à obtention de réponses de ses parents, a toujours été « pourquoi ? » ; pas « comment ? » ; ni « quoi ? » Maîtriser sa conscience c'est être capable de prendre en main cette formidable source d'énergie psychique qu'est votre attention. « Etre conscient » signifie reconnaître des événements qui se produisent (sensation, émotions, pensées, intentions) et en diriger le cours. L'objectif est d'appréhender la réalité psychique du moment, sans a priori, en étant le plus possible en prise directe avec l'instant et conscient des croyances utilisées pour décoder la réalité. Votre liberté dépend de votre niveau de conscience. Vous possédez une attention limitée que vous pouvez orienter intentionnellement comme un rayon d'énergie. Votre attention investit tout ce qu'elle touche ; elle est la clé de votre développement intérieur et de votre plaisir. Elle va permettre de déterminer ce qui apparaît ou non dans la conscience et est requise pour effectuer vos activités mentales (penser, se souvenir, prendre une décision). Sans cette énergie aucun travail ne se fait. Et l'expérience vécue dépend de la façon dont l'attention est investie. Vous vous créez vous-mêmes en investissant cette énergie. Effectivement l'attention est dirigée par le soi qui contient la somme des contenus de la conscience (dont la structure des buts). Vous êtes ce sur quoi vous posez votre attention. Il importe donc de maîtriser cette énergie.

2.
Ensuite ressentez dans l'instant et
accueillez les émotions qui viennent

En équilibre et en justesse dans le moment présent, toutes les émotions que vous ressentez sont légitimes. A l'inverse, vos comportements et attitudes ne le sont pas toujours. Votre responsabilité réside dans ce que vous décidez de faire de ces émotions et du comportement que vous décidez d'adopter. Vos besoins sont des énergies qui vous poussent à agir dans une direction. Plus la satisfaction d'un besoin spécifique se fait ressentir, plus vous consacrez de l'énergie à sa réalisation par le biais de stratégies, le plus souvent inconscientes. La satisfaction de vos besoins se traduit par une émotion agréable ou désagréable en cas de non-satisfaction. Le besoin et l'émotion sont ce qui vit en vous à un moment donné. Un besoin non satisfait exerce une contrainte et une dépense d'énergie forte qui affecte votre personne dans son intégrité.

L'émotion (*heart*) est un phénomène physique dans tout le corps, qui vous met en mouvement (*hands*), vous mène à une action choisie ou une réaction préprogrammée en fonction de votre conscience ou non de cette émotion et de son sens. L'émotion suscite votre réflexion et votre jugement (*head*). Vos émotions ne sont pas vos ennemies mais vos alliées auxquelles il faut porter une attention toute particulière car elles vous remettent dans le droit chemin. Si vous ressentez de la joie, vous êtes sur le bon chemin. Les émotions (*heart*) qui ne s'expriment pas s'impriment dans votre corps (*hands*) et se manifestent sous forme de douleurs physiques ou psychiques ou d'une colère violente verbale ou physique. La pensée (*head*) génère l'émotion (*heart*) et l'émotion génère la pensée.

Vous ne regrettez pas de faire ce que vous « sentez être juste ». Et ce qui compte le plus, c'est d'être en accord avec vous-même. Ainsi, votre efficacité s'accroît si vous vous acceptez, si vous vous laissez être vous-même dans vos attitudes et si vous connaissez et acceptez comme un fait vos limites.

La vie pleine (le bonheur) est un processus, non un état ; une direction, non une destination ; Cette direction est choisie par l'organisme (corps et cœur) lorsque le mental est libéré de toutes ses barrières. Si vous vous ouvrez à l'expérience, que vous avez une vie existentielle et que vous avez confiance dans votre corps, votre cœur et leurs messages « ce que vous ressentez comme bon », alors vous aurez une vie plus riche, plus libre et plus créative.

3.
Puis décidez de l'action à partir de là

Prendre la bonne décision est particulièrement développée dans ce livre de Jeroen. Le sujet principal étant « l'exécution de la stratégie ». Et l'exécution de la stratégie étant « créer un modèle de décision ».

La finalité est quelque chose que l'on ne peut pas atteindre mais vers laquelle nous souhaitons tendre. C'est ce qui vous mobilise. Elle est directement liée au sens que vous attribuez à votre vie. C'est en quelque sorte le cœur de votre stratégie, votre « Grand choix ».

L'objectif est un moyen, une modalité, un repère mesurable pour atteindre la finalité.

Plus la finalité est précise, plus le cerveau capte ce qui va dans ce sens. Si votre finalité à long terme est claire alors chaque objectif pouvant mener à la réalisation de cet idéal est porteur de sens, créatif et motivant.

Lorsque la réalité est claire (*head*), les objectifs contextualisés apparaissent plus nettement. Les objectifs sous votre propre contrôle affectent directement vos performances en orientant ce sur quoi vous portez votre attention et renseignent sur le temps et la difficulté du travail à accomplir. Quand un objectif est inaccessible, vous vivez une certaine anxiété et perdez tout espoir, mais s'il ne constitue pas un défi à relever, vous vous ennuyez et perdez toute motivation. Le juste milieu (la corde raide) entre la complexité de la tâche et la faisabilité compte tenu de vos capacités résultera en un objectif motivant permettant de vous tirer vers le haut. Des objectifs ambitieux et réalistes sont souvent structurants et sources de motivation. Ils ont une fonction dynamisante et vous font travailler plus vigoureusement. Et lorsque l'énergie psychique est investie avec succès dans la réalisation des objectifs que vous aviez l'intention de poursuivre, alors vous renforcez votre confiance en vous-même.

Plus vous avez confiance en vous-même (*heart*), plus la préoccupation de vous-même diminue, et donc plus votre attention est libérée pour interagir avec l'environnement interne et externe. Après coup, le soi peut constater qu'il s'est enrichi de nouvelles aptitudes et de nouvelles réalisations, ce qui renforce la confiance dans le soi.

Etre attentif, se concentrer consomme de l'énergie. Le risque c'est la fatigue. Moins il y a d'attention, plus de régions du cerveau sont activées inutilement. Vous êtes alors distrait. Il est donc important de conserver cet état mental tout en régulant l'énergie. D'où l'importance de se concentrer sur l'essentiel et sélectionner juste pour agir juste.

La conscience du corps (*hands*) entraîne un rééquilibrage spontané. En s'entraînant longtemps, vous pouvez transformer une action qui serait compliquée, qui demanderait beaucoup de réflexion, en un reflex que votre cerveau applique très rapidement au lieu de vouloir y réfléchir très lentement (Habitudes).

Il est important d'être ouvert aux feedbacks. Des feedbacks de l'environnement, de votre corps, de vos actions, des instruments que vous utilisez, des autres personnes. Les feedbacks doivent porter à la fois sur le résultat des actions entreprises et sur le processus qui a abouti à ce résultat. Vous avez autant à apprendre des comportements qui sont à l'origine de vos erreurs que ceux qui sont à l'origine de vos coups gagnants. Cela vous permet d'évaluer votre propre travail et d'accroître votre autonomie. Vous réfléchissez, vous vous impliquez ce qui accélère très efficacement le processus d'apprentissage et l'amélioration des performances. Ainsi, vous vous appropriez votre performance et l'évaluation que vous en avez faite. En d'autres termes vous vous responsabilisez. Et surtout n'oubliez pas de célébrer quand vous avez réussi, c'est une autre forme de feedback qui renforce votre estime et votre confiance en vous.

Il n'y a pas de décisions exclusivement rationnelles. Vos décisions sont profondément affectées par vos émotions. En outre, l'imagination joue un rôle essentiel dans les décisions. Vous ne pouvez pas anticiper les événements que vous n'arrivez pas à imaginer. Imaginer, c'est se créer des ensembles de possibles, d'impossibles et de non-impossibles. Pour trouver la décision juste, vous devez écouter et oser laisser parler votre intuition, sentir que la décision est juste par rapport à soi, aux autres, à l'univers, transcender vos peurs et vos blessures. Vous devez accepter l'incertitude sans jugement personnel ou sociétal. L'acceptation est un art de vivre.

4.
Et enfin engagez-vous dans l'action en congruence vers la ligne d'arrivée.

Vous n'êtes prêts que dans l'action.

Vouloir changer nécessite d'agir, de bouger. Restez dans le souhait ne mène pas au changement. Vos actions peuvent mener à la réussite comme à l'échec. Accepter l'idée de l'échec permet non seulement de passer à l'action, mais également de bien réagir si vous vous retrouvez en face de lui. Ce sera toujours à vous de passer à l'action, de réfléchir à ses conséquences et d'en tirer calmement des leçons. Personne ne peut le faire à votre place.

Pour passer à l'action il faut avoir la motivation, la stimulation nécessaire pour diriger l'ensemble de vos ressources vers l'objectif souhaité. La motivation régie l'engagement d'un individu pour une action donné et doit être cultivée. L'engagement demande une adéquation entre les exigences de l'action et les aptitudes de l'individu. S'engager véritablement c'est faire tout ce qui est en votre pouvoir pour que les choses soient faites.

Pour accomplir l'action en utilisant au mieux vos capacités, vous devez avoir confiance en vous. Lorsque vous choisissez un but et que vous vous investissez dans la mesure de vos capacités et de votre concentration, ce que vous faites est agréable. Et c'est ainsi que vous vous réalisez.

Pour vous donner les meilleures chances de réussite, permettez à l'énergie de circuler partout et économisez-la pour la diriger dans le sens souhaité en quantité adaptée au moment voulu. Pour vous régénérer, il convient de prendre contact, en conscience, avec votre respiration, votre alimentation, votre sommeil et vos pensées, dans un état d'esprit de communion avec vous-même et l'univers. Cela permet d'avoir un niveau d'activation maximal. L'activation c'est la dimension énergétique du comportement. Comme si vous remplissiez votre barre de boost ; quand elle est à fond et que l'on se lance, si toutes les conditions sont réunies (motivation, confiance en soi, kairos – moment opportun), la performance est maximale. En somme, dès que vous avez trouvé la stratégie, lâchez prise et connectez-vous au tout.

Maintenant, c'est à vous de jouer !

PS : Pensez à remplacer le « ou » par le « et »...

Retrouvez-nous sur www.h-performance.fr

LES RESSOURCES DES CHEMINS DE L'EXECUTION

L'EXECUTION DE LA STRATEGIE, CHEMINS SECRETS
Comment réussir votre épopée stratégique

Ce livre s'est beaucoup appuyé sur des expériences de terrain. Voici quelques ressources pour vous rafraîchir la mémoire ou commencer une discussion.

RÉSUMÉ TWITTER

La plupart des stratégies s'égarent sur le long chemin vers le succès. Connectez votre stratégie aux cœurs (*hearts*), aux têtes (*heads*) et aux mains (*hands)* pour découvrir *les chemins secrets de l'exécution de la statégie.*

L'ARGUMENT ÉCLAIR

Le parcours stratégique vers le succès est long et dangereux. La plupart des stratégies perdent entre 40 à 60% de leur potentiel financier le long de l'autoroute de l'exécution. Il y a un chemin qui rendra le voyage considérablement plus court. Il existe dans toutes les organisations, mais reste le plus souvent caché. Avec l'aide de la science, nous allons découvrir *Les chemins secrets de l'exécution de la stratégie*. Il y a trois conditions préalables : 1) La connexion avec la tête (*head*), les gens ont besoin de connaître votre stratégie ; 2) La connexion au cœur (*heart*), les gens ont besoin de se soucier de votre stratégie ; 3) La connexion aux mains (*hands*), les gens ont besoin d'énergie pour pousser votre stratégie vers l'avant.

RÉSUMÉ D'UNE PAGE

À la page 176, vous trouverez 25 idées clés résumées sur une seule page.

LA CARTE DES CHEMINS SECRETS

À la page 174, vous trouverez le livre résumé en dessins. Voyez si vous pouvez repérer 25 messages clés du livre. (Vous trouverez quelques indices à la page 176).

BOB LE STRATÈGE TOURISTE

Parfois, une image dit plus qu'un millier de mots. Sur mon blog, www.jeroen-de-flander.com, vous pouvez télécharger un certain nombre de vidéos humoristiques à utiliser et à partager.

LE GUIDE DES DISCUSSIONS SUR LES CHEMINS SECRETS

L'époque où les auteurs ont le dernier mot est à présent terminée. C'est votre privilège. Maintenant que vous avez terminé ce livre, publiez et encenser-le sur votre blog, sur Twitter ou sur votre réseau social préféré. Ou, si vous voulez vraiment réaliser les idées des chemins secrets de l'exécution, rendez les vivantes, parlez-en à quelques collègues, à des amis ou dans votre club lecture.

Sur mon blog, www.jeroen-de-flander.com, vous trouverez 20 questions pour alimenter une conversation.

Comment emprunter
les chemins secrets de l'exécution stratégique

QUESTION CENTRALE   Comment réussir votre épopée stratégique ?

RÉPONSE   Les dynamiques humaines, les bandits de l'exécution, sont la raison pour laquelle la plupart des stratégies prennent le chemin le plus long pour atteindre la ligne d'arrivée. Si nous aspirons à obtenir un meilleur rendement de notre stratégie, alors nous devons apprendre comment ces comportements humains influent sur le parcours de l'idée et comment y faire face. En bref, nous avons besoin d'une connexion H^3.

LA TÊTE - *HEAD*   LES GENS ONT BESOIN DE CONNAÎTRE VOTRE STRATEGIE

› *Faciliter les PETITS choix.* Fournir des lignes directrices de priorisation pour aligner les choix quotidiens avec grand choix (Le dilemme de Lisa, Le Non de Michael Porter, Le chemin de fer)

› *Rendre le grand choix clairement visible.* Rendre le choix initial clairement visible. (Le point de bascule, Un cheval n'est pas un zèbre)

› *Tracer une ligne d'arrivée.* Saisir le cœur de votre stratégie et montrer à tout le monde d'une façon inspirante à quoi la réussite de la stratégie ressemble. (200 portes, Un homme sur la Lune)

› *Re-mesurer.* Fournir un ensemble de mesures compact et enlever les panneaux inutiles (Yasso 800, Billy Beane, Joueurs contre entraîneurs).

LE CŒUR - *HEART*   ILS ONT BESOIN DE SE SOUCIER DE VOTRE STRATÉGIE

› *Partager des anecdotes de stratégie.* Ajouter du contexte et de l'émotion à la stratégie pour que les gens ressentent le grand choix. (L'affaire du vol de reins, L'anecdote de la Zambie, Le régime de Jared)

› *Grimper l'échelle de l'engagement.* Ne vous contentez pas de petits engagements pour de grandes choses. Allez à la recherche de grands engagements pour les petites choses. (5 x Oui, Hôpitaux et cockpits)

› *Dépasser son propre intérêt.* Célébrer les petites victoires le long du parcours, faites-en sorte que les gens croient en une grande victoire en franchissant la ligne d'arrivée (Bannister, L'effet Pygmalion et Golem)

LES MAINS - *HANDS*   ILS ONT BESOIN D'ÉNERGIE POUR MENER VOTRE STRATÉGIE

› *S'attaquer à la CO_2mplexité.* Adopter la simplicité et créer un environnement de travail productif. (Le dernier maître Zen, Le Rêve de Tata, La corde raide de la simplicité)

› *Faire l'expérience du pouvoir des habitudes.* Automatiser les petites décisions pour économiser l'énergie (La nonne et le PDG, La stratégie mange la culture)

› *Trouvez votre rythme hebdomadaire.* Connecter les horizons décisionnels : trouver une place pour la stratégie dans l'agenda hebdomadaire de chacun. (L'expédition du Pôle Sud, L'opération de la hanche, Les ancrages stratégiques)

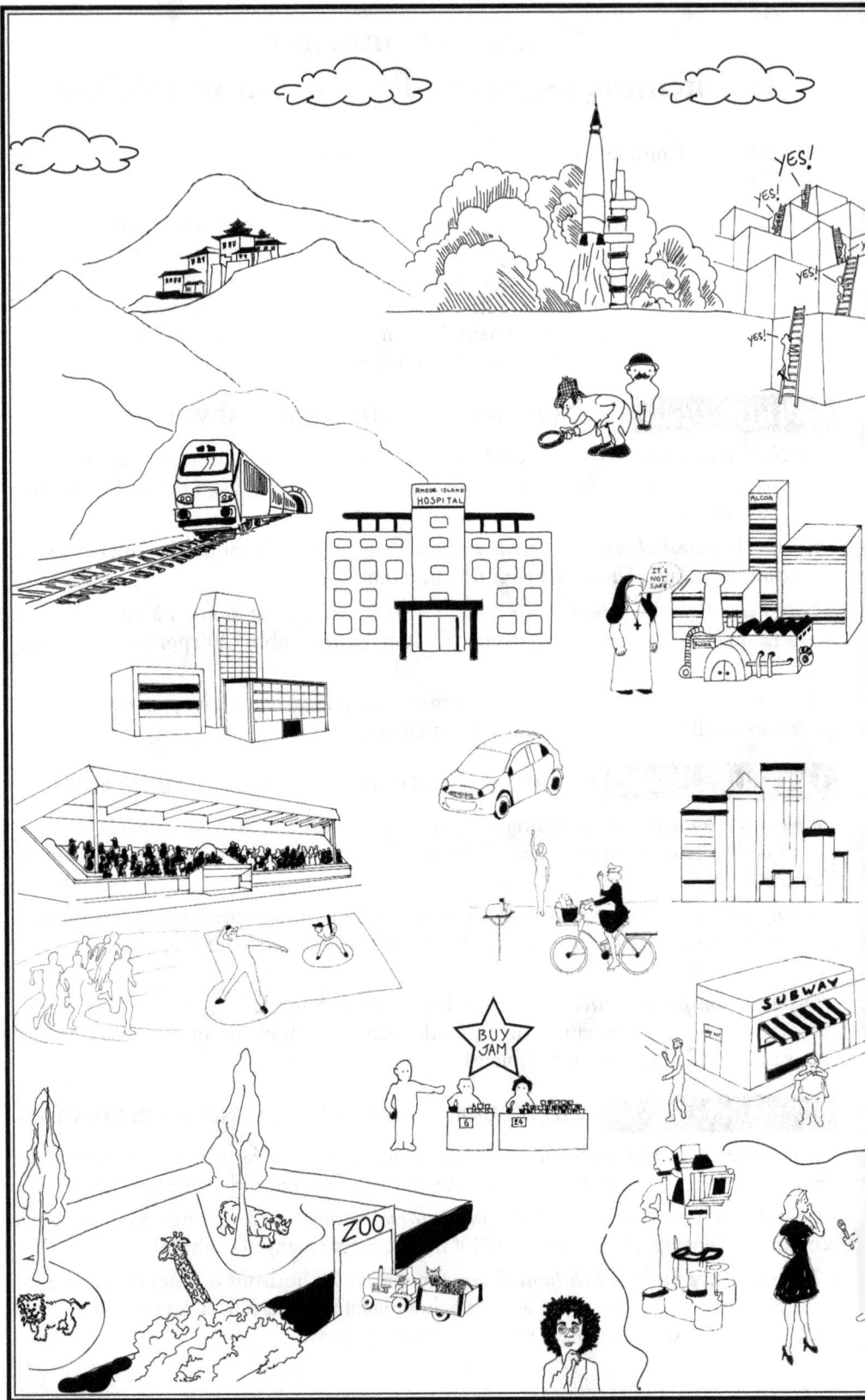

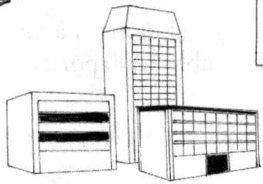

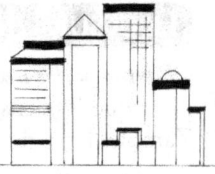

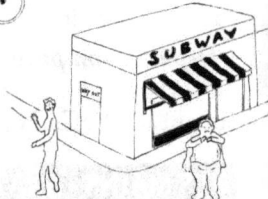

Carte des chemins secrets

La Carte des chemins secrets (cc). Vous êtes libre de copier et de distribuer cette carte.

Issue du livre *L'Exécution de la Stratégie, Chemins secrets* de Jeroen De Flander.

Illustrateur : Paul Verhoestraete

La Carte des Chemins secrets

Les Notes

CHAPITRE 1

2 **L'histoire de Paul O'Neil**. Voir l'excellent ouvrage de Charles Duhigg's (2012), *Le Pouvoir des habitudes*.

3 **La Campagne des 100 000 vies**. J'ai tiré de plusieurs sources l'histoire de Donald Berwick notamment Alice G. Gosfield et James L. Reinertsen, The 100,000 Lives Campaign : *Crystallizing Standards Of Care For Hospitals (Health Affairs)*. Chip et Dan Heath, *Switch*. Hayagreeva Rao et Robert Sutton, « The Ergonomics of Innovation », *McKinsey Quarterly*, site web de the Institute for Healthcare Improvement (l'Institut pour l'amélioration des services médicaux), http://www.ihi. org/Pages/default.aspx.

3 **4 050 hôpitaux**. Huit états ont inscrit 100% de leurs hôpitaux dans la campagne et 18 états ont inscrit plus de 90% de leurs hôpitaux dans la campagne. Plus d'infos sur le site de IHI : http://www.ihi.org.

7 **La malédiction du savoir**. Colin Camerer, George Loewenstein et Mark Weber (1989), "The Curse of Knowledge in Economic Settings: An Experimental Analysis", *Journal of Political Economy* 97 : 1232–1254. Chip et Dan Heath, "The Curse of Knowledge", *Harvard Business Review*.

8   **L'expérience E.** Voir Adam Galinsky (2008), *The 'E' and 'Fan' Experiments*, CNBC.

9   **L'expérience de la confiture**. Voir S. Iyengar (Colombie) et M. Lepper (Stanford) (2000), "When choice is demotivating : Can one desire too much of a good thing?", *Journal of Personality and Social Psychology*, 79, 995-1006

11   **L'expérience des cookies**. Roy F. Baumeister, Ellen Bratslavsky, Mark Muraven, et Dianne M.Tice, "Ego Depletion : Is the Self a Limited Resource?", *Journal of Personality and Social Psychology* (1998), Vol 74, No 5, 1252-1265.

13   **Les recherches de the performance factory**. *The Strategy Execution Barometer – Édition Augmentée* (2012).

CHAPITRE 2

21 **Les idées de Mintzberg**. Henry Mintzberg (Mai 1978), "Patterns in Strategy Formulation", *Management Science*, Vol. 24, No 9, pp934-948.

21 **Choses basiques en stratégie.** Un bon livre pour se mettre au diapason de la stratégie est : *Understanding Michael Porter* , Joan Magretta (2012), Harvard Business Review Press.

22   **Britney Gallivan de Pomona.** Vous pouvez lire l'histoire de Gallivan sur le site web de la Vallée de Pomona, http://pomonahistorical.org/12times. Ce défi a également été abordé sur le site web de Math World, http://mathworld.wolfram.com/Folding.html.

23   **L'événement sur les Stratégies de Nouvelle Génération.** Cet événement a eu lieu le 12 octobre 2010 au Caire, en Égypte.

Roger Martin et Costas Markides sont intervenus le premier jour. Michael et moi avons partagé la scène le 2ème jour. Vous pouvez télécharger ma présentation sur SlideShare http://www.slideshare.net/ Jeroendeflander.

24 **Valeur partagée.** L'idée centrale derrière la création d'une Valeur Partagée est que la compétitivité d'une entreprise et la santé des communautés qui l'entourent sont interdépendantes. En d'autres termes, il est possible d'améliorer la position concurrentielle d'une entreprise tout en faisant progresser la société dans laquelle elle opère. Voir l'article intéressant de Michael Porter et Mark R. Kremer, "Creating Shared Value: Redefining Capitalism and the Role of the Corporation in Society" *Harvard Business Review* (2011). Je pense que la Valeur Partagée est une manière pertinente de regarder différemment la Responsabilité Sociale des Entreprises. Dans mon ouvrage précédent, j'ai parlé de trois générations de RSE. La Première génération de RSE est composée de « Donateurs ». Ce sont de bons citoyens qui croient au compromis traditionnel entre les organisations et la société, mais qui veulent donner quelque chose à la société pour compenser. La deuxième génération de RSE est composée d'« Évitants ». Leur principal objectif est de réduire tout impact négatif de leurs propres activités. Les évitants sont conscients que certaines activités de leur chaîne de valeur ont un impact négatif sur la société et ils essaient de réduire l'impact négatif. La troisième génération de RSE est composée de « Créateurs ». Ce groupe adopte le concept de Valeur Partagée et considère la durabilité comme un jeu à somme positive. Ils voient la Responsabilité Sociale des Entreprises comme un investissement et non comme une dépense. Vous voulez plus d'informations ? Vous pouvez télécharger une présentation de SlideShare http://www. slideshare.net/Jeroendeflander.

24 **Liste de Non (1).** Voici deux questions pour animer une discussion sur la Liste de Non : « Quels clients de notre industrie rendons-nous mécontents ? » Et « Où avons-nous systématiquement

donné un « non » clair l'année dernière ? »

Liste de Non (2). Les non les plus intéressants sont les vieux oui, les produits et services que vous avez offerts jusqu'ici, mais que vous ne voulez plus offrir. Voici comment Jef Schrauwen a formulé un de ses Non : « Nous avons offert toutes sortes de menuiserie à toutes sortes de clients. Fondamentalement, nous avons fait ce que les clients nous ont demandé de faire. Mais maintenant nous vendons des portes d'entrée et disons non aux fenêtres, aux volets et aux abris de piscine. »

Liste de Non (3). Les stratèges établissent une liste réaliste de Non. Une entreprise n'est pas toujours en mesure de dire « non » du jour au lendemain. Il y aura des Non futurs qui sont encore nécessaires aujourd'hui pour maintenir l'entreprise en marche. À court terme, Jef savait que sa société ne pouvait pas changer tout de suite en produisant seulement des portes d'entrée. Par conséquent, il ajouta, « Quand notre charge de travail sera inférieure à 12 semaines, nous offrirons d'autres produits aux clients qui ont commandé une porte d'entrée. » À moins qu'une entreprise ne vende ses activités principales pour générer de l'argent afin de développer un nouveau business, elle aura probablement besoin de gérer la période de transition en incluant *des Oui de transition* sur sa liste de Non.

21   **Le grand choix.** Un grand choix est toujours relatif aux règles de l'industrie et à ce que font les autres. Ce n'est pas gravé dans la pierre. Il est bon de savoir que la stratégie moyenne (le grand choix) a une date de validité de 5 à 7 ans.

24   **En diluant (1).** Le processus de dilution a également un impact sur le nombre de petites options disponibles pour une décision donnée. Voici comment un service supplémentaire peut avoir une influence sur un responsable de centre d'appels : « Nous n'offrons pas beaucoup de services à 90% de nos clients, mais récemment notre société a commencé à offrir plus de services à quelques clients. Dois-je

organiser le centre d'appels de manière à pouvoir fournir le service supplémentaire ? » *(Si la réponse est oui, à partir de ce moment-là, le centre d'appel doit prendre en compte l'impact de chaque décision sur le niveau de service pour ces nouveaux clients).* Voici comment la dilution du côté du client peut avoir un impact sur les petits choix pour le chef de produit : « Nos fonctionnalités produit sont élaborées pour les petits clients. Si nous voulons conserver nos deux nouveaux gros clients, devons-nous ajouter le genre de caractéristiques typiques attendues par une grande entreprise ?

En diluant (2). Notez qu'il est important de gérer soigneusement le temps afin de ne pas diluer le choix à nouveau. Ne dites pas : « Nous allons accepter des clients en dehors de notre activité principale jusqu'à ce que notre situation financière soit stable », mais plutôt « Nous acceptons des clients en dehors de notre segment principal lorsque notre charge de travail devient inférieure à 12 semaines », un indicateur clair mesurable. *Nous ne disons « oui » que lorsque nous rencontrons des problèmes financiers à court terme.*

28   **L'anecdote du chemin de fer.** L'information provient de plusieurs sources notamment Brendan Martin (2002), "Railway privatization through concessions, the origins and effects of the experience in Latin America", "ERM the promise of private equity case studies from emerging markets" et "America Latina Logistica", Harvard Business School case (2004).

CHAPITRE 3

35   **Le bestseller de Gladwell.** Malcolm Gladwell, *Le Point de Bascule,* Hachette. Vous trouverez la citation sur la règle des 150 à la p.182 du livre en anglais.

37   **Sherlock Holmes.** Accès facile à énormément de liens intéressants via la page Wikipedia de Sherlock Holmes, https://

fr.wikipedia.org/wiki/Sherlock_Holmes.

38   Gordon Allport et Joseph Postman. Gordon W. Allport et Léo Postman (1947), *The Psychology of Rumor.*

39   La série de commandes. L'exemple du hameau se trouve dans plusieurs documents. Mes informations proviennent de Bauke Visser (1998), "Binary Decision Structures and the Required Detail of Information."

43   Nico Croes. La citation vient d'une discussion avec l'auteur.

45   Distorsion télévisuelle. Quelques conseils pratiques :

1.   Assurez-vous d'avoir un bon mélange de personnes - le PDG, quelques membres de l'équipe de direction, des employés et des commerciaux.

2.   Les réponses elles-mêmes ne doivent pas durer plus d'une minute mais vous aurez besoin de 15 minutes pour expliquer ce que vous faites pour rassurer les participants.

3.   Si vous traitez avec différents sites dans le monde, vous pouvez demander à des personnes d'interviewer quelques personnes dans des sites clés et éditer le contenu en une seule vidéo.

4.   Demandez aux gens de parler dans leur langue maternelle et utilisez des sous-titres. Si cela est soigneusement monté, l'effet peut être assez puissant

5.   Envisagez de combiner la vidéo avec un court sondage pour que les « ingénieurs » montent à bord. Le sondage ne mesure pas la distorsion de la stratégie mais vous donne une vision claire de la qualité de la communication de la stratégie. Et il existe une forte corrélation entre la qualité perçue de la communication de la stratégie et la quantité

de Graffiti Stratégique que vous trouverez : la déviation du message. Restez simple. L'objectif est d'avoir de la matière pour la vidéo, pas de réaliser un sondage exhaustif.

6. Organisez le compte rendu avec soin. Je suggère une réunion d'1h30 avec l'équipe de direction ou l'unité commerciale en utilisant une plateforme existante. Cela pourrait être une réunion d'équipe ou un événement hors site. La première partie, d'une durée d'environ 10 minutes, est utilisée pour montrer la vidéo du Graffiti Stratégique et la partie suivante pour discuter des résultats. J'ai appris qu'il est préférable de ne pas trop en dire d'emblée, mais de montrer la vidéo. Cela augmente l'impact émotionnel. Cela provoque aussi des discussions car la plupart des gens ignoraient tout de l'étendue du problème auparavant et ont besoin de temps pour gérer leur surprise : « *Je ne pensais pas que c'était aussi terrible* », leur incrédulité : « Es-tu sûr que cet échantillon vient de notre entreprise ? », et leur frustration : « Nous avons travaillé si dur pour communiquer. Comment est-ce possible ? » En règle générale, ne lancez pas la vidéo si vous n'avez pas au moins 45 minutes pour en discuter après. Une fois que l'équipe a accepté la réalité, vous pouvez discuter de la solution et du nettoyage du Graffiti Stratégique.

7. Pourquoi une vidéo ? La vidéo peut sembler très efficace parce que nous faisons ressentir la distorsion aux gens. Laissez-les sentir la distorsion. Ne leur dites pas. (Une explication rationnelle n'est pas la meilleure approche. Je reviendrai sur ce point à un stade ultérieur). Laissez-les sentir la différence avec le visible original.

CHAPITRE 4

48 **En 1990**. Edwin Locke et Gary Latham (1990), *A Theory of Goal-setting & Task Performance*. Ils ont également publié un court article intéressant 25 ans après leur recherche novatrice intitulé "New Directions in Goal-setting Theory" (2006), Association for Psychological Science, Volume 15, No 5, pp265-268.

49 **L'histoire de Jef Schrauwen.** Informations fondées sur des discussions avec l'auteur.

51 **NASA.** Chris McChesney, Sean Covey et Jim Huling (2012), *The 4 Disciplines of Execution,* Simon & Schuster, UK. Vous pouvez trouver la citation de la NASA p.39.

52 **La ligne d'arrivée de la NASA.** Richard Rumelt (2011), *Good Strategy, Bad Strategy,* Profile Books Ltd. Les citations se trouvent aux pp107-108.

49 **Une ligne d'arrivée.** Quand je suis devenu un conférencier professionnel il y a quelques années, j'avais aussi besoin d'une ligne d'arrivée. Je suis parvenu à celle-ci : « Parler à 50 000 personnes dans 50 pays avant mes 50 ans. » À présent âgé de 46 ans, j'en suis à 33 500 et 42 pays. Vous pouvez trouver la liste des pays sur mon blog www.jeroen-de-flander.com. Si vous pensez que vous pouvez m'aider à atteindre ma ligne d'arrivée en organisant une session dans un pays qui ne figure pas sur cette liste, envoyez-moi un e-mail.

CHAPITRE 5

55 **Le marathon.** Les informations sont disponibles sur le site web du marathon d'Athènes : www.athensmarathon.com.

56 **Tomás Valcke.** Interview avec l'auteur.

57 **L'équilibre corporel.** D'après Valcke, chaque kilo que vous perdez équivaut à 3-4 minutes d'amélioration de votre temps à la ligne d'arrivée.

57 **Bart Yasso.** Allez voir le site web de Bart Yasso pour plus d'informations : www.bartyasso.com

59 **Billy Beane.** Cette histoire incroyable était au centre de l'ouvrage *Moneyball : The Art of Winning an Unfair Game* (2003) de Michael Lewis sur lequel est adapté le film Moneyball (Le stratège) avec Brad Pitt (2011).

61 **Dr Hallowell et John Ratey.** Article publié dans le *New York Times* par Matt Richtel (6 juillet 2003), « The Lure of Data: Is it Addictive? ».

62 **La citation du tableau de bord.** Chris McChesney, Sean Covey et Jim Huling (2012), *The 4 Disciplines of Execution*, Simon & Schuster UK, p67.

55 **Panneaux (1).** Il est important de rendre l'information de l'indicateur avancé facilement accessible. Il n'y a aucun intérêt à avoir des panneaux indicateurs si ceux qui voyagent ne les voient pas.

Panneaux (2). La mesure fait partie de notre ADN. Comme Andrew Robinson le souligne dans *The Story of Measurement,* la mesure a défini la société, le gouvernement et le progrès depuis l'aube de la civilisation. La longueur, la superficie, le volume, l'angle, le poids, la valeur, la langue et le temps devaient être quantifiés et systématisés pour délimiter les terres, planter des cultures, construire des palais, échanger des marchandises, taxer les individus, tenir des registres et célébrer les festivals. En science, la mesure a donné naissance au monde moderne avec ses caisses enregistreuses, ses satellites de communication et ses scanners cérébraux. Elle régit presque tous les aspects de nos vies, que ce soit par des examens, des taux d'intérêt, des prescriptions de médicaments ou des enquêtes d'opinion, que cela nous plaise ou non.

Panneaux (3). Sachant que nous sommes tous subjectifs lorsqu'il s'agit de juger de l'importance d'un indicateur, il est judicieux de faire participer les autres. Ils nous donneront la perspective dont nous avons besoin pour obtenir le bon ensemble de mesures. Ceux qui remettent en question nos mesures aideront également à éviter une approche manichéenne. Une fois qu'il y a le *aha-erlebnis dans la mesure*, il y a un risque de lancer une croisade pour « tuer toutes les mesures ». Et ce faisant, beaucoup de mesures inutiles vont disparaître (ce qui est génial), mais il y a aussi un risque que les indicateurs essentiels dont vous ignorez l'existence dans d'autres départements, unités ou équipes finissent par figurer sur notre liste d'éradication.

Panneaux (4). Pour les mesures que vous décidez de conserver, il est important de *remettre en question le processus de collecte des données*. Arrêtez de demander aux joueurs de fournir des données pour le tableau de bord de l'entrainement. Les membres de l'équipe peuvent et doivent être responsabilisés de recueillir les informations pour suivre leurs propres mesures avancées, mais remplir le tableau de bord de l'entraineur est une tâche pour l'entraineur. Alors ne dérangez pas les joueurs avec ça. Un entraîneur de foot ne demande pas à son joueur de compter le nombre de passes réussies qu'il effectue au cours d'une partie et un entraîneur de tennis ne demande pas à son joueur de compter le nombre de coups gagnés en coup droit. Et Billy Beane n'a pas demandé à ses joueurs de compter leurs runs non plus. Les joueurs ont des choses plus importantes à faire que de collecter des données pour quelqu'un d'autre. Ils ont un match à gagner.

Panneaux (5). Vous pouvez vous retrouver avec un ensemble d'indicateurs qui n'ont pas obtenu de réponse positive, mais qui tombent dans une catégorie spéciale parce que vous êtes « obligé » de les suivre Il n'y a aucune valeur pour vous ou votre équipe, mais quelqu'un de plus haut dans la hiérarchie, le manager du club, peut avoir besoin de cette information pour prendre une décision. Vous ne pourrez pas jeter ces mesures à la poubelle, alors votre meilleur champ d'action est de questionner fermement, mais poliment, le besoin de suivre ces mesures. Et même s'il ne vous sera pas possible de supprimer toutes les mesures (tout le monde n'est pas prêt à arrêter sa bouffée de dopamine), pour chaque indicateur, c'est déjà un de moins qui vous met dans la mauvaise direction.

CHAPITRE 6

67 **L'affaire du vol de reins.** Cette légende urbaine peut être trouvée dans l'ouvrage de Chip et Dan Heath (2008), *Made to Stick*, Arrow Books, p.3.

68 **Le psychologue Jérôme Bruner**. Paul Smith (2012), *Lead with a Story*, American Management Association.

71 **L'anecdote de la Zambie.** Stephen Denning (2001), *The Springboard*. Ses citations peuvent être trouvée aux pp9-10-24-27. Il a aussi écrit *The Leader's Guide to Storytelling* qui aborde plus profondément le sujet du storytelling.

70 **La gestion des connaissances demeurent.** Pour plus d'informations sur les priorités de la Banque mondiale et le rôle du partage des connaissances aujourd'hui, visitez leur site web : http://www.worldbank.org. Vous pouvez également télécharger un document très intéressant de 74 pages, « The state of World Bank knowledge services: knowledge for development », 2011.

72 **David Hurchens.** Mary Wacker et Lori Silverman (2003), *Stories Trainers Tell: 55 Ready-to-Use Stories to Make Training Stick*, Jossey-Bass Pfeiffer.

73 **Une étude intéressante.** John P. Kotter et Dan S. Cohen, *The Heart of Change*, 2002, Harvard Business Review Press.

75 **Josie King.** http://www.josieking.org/whathappened. Avec l'aide des autres, les deux parents ont créé La Fondation Josie King.

Sa mission est d'empêcher que d'autres ne meurent ou ne soient blessés à cause d'erreurs médicales. « En unissant le personnel soignant et les gens ayant besoin de soin et en finançant des programmes innovants en matière de sécurité, nous espérons créer, ensemble, une culture de la sécurité des patients. »

74 **Donald Berwick.** Le IHI utilise constamment des anecdotes pour transmettre des idées clés. Tous les hôpitaux participants sont encouragés à partager leurs réussites. Sur le site web de IHI (http://www.ihi.org/Pages/default.aspx), vous trouverez 388 « histoires pour s'améliorer » (comme ils les appellent). Ils vont d'idées pour sauver des vies en Nouvelle-Zélande à des suggestions pour améliorer les processus de communication en interne.

76 **Les aborigènes**. Plus d'infos et de liens à propos du storytelling des aborigènes sont disponibles ici : http://www.lib.sk.ca/Storytelling.

76 **La communauté Sto:lo.** Jo-Ann Archibald (2008), *Indigenous Storywork: Educating the Heart, Mind, Body, and Spirit*, Vancouver, British Columbia: The University of British Columbia Press.

76 **Les professionels du marketing**. Seth Godin (2005), *All Marketers Tell Stories*, Portfolio Hardcover.

68 **Des anecdotes de stratégies.** Plus une histoire ressemble au contexte du voyageur, plus elle sera efficace. Il pourrait y avoir besoin de plusieurs emballages pour la même idée.

79 **L'histoire de Jared Fogle**. J'ai assemblé l'histoire de Jared à partir de plusieurs sources notamment l'ouvrage de Chip et Dan Heath (2008), *Made to Stick*, Arrow Books et le site web de Subway où vous pouvez en apprendre davantage sur les 15 années de parcours de Jared, http://www.subway.com/subwayroot/ freshbuzz/website/ jareds_journey/.

CHAPITRE 7

88   **L'anecdote de l'hôpital de Rhode Island.** Voir Charles Duhigg (2012), *Le pouvoir des habitudes*, Random House et Stephen Powell et Ruth Kimberly Hill, « My Co-pilot is a Nurse ».

90   **L'anecdote du cockpit de la compagnie aérienne Air Florida.** J'ai utilisé plusieurs sources notamment Ute Fischer et Judith Orasanu, "Error Challenging Strategies: their Role in Preventing, Correcting Errors" et "Cultural Diversity and Crew Communication" et Malcolm Gladwell (2009), Outliers, Penguin.

94   **La gestion des ressources de l'équipage.** Rhona Flin, Paul O'Conor, et Margaret Crichton (2008), *Safety at the Sharp End, a Guide to Non-Technical Skills*, Ashgate.

95   **D'importantes réductions de coûts.** Un hôpital, par exemple, a rapporté une économie de 2 millions de dollars sur une année.

96   **L'histoire du nouveau-né.** Gary Klein (1998), *Sources of Power: How People Make Decisions,* MIT Press.

CHAPITRE 8

99   **Roger Bannister.** Roger Bannister, (édition de 2004 révisée et augmentée), *The First Four Minutes*, Sutton Publishing.

100 **Le mile en 4 minutes.** Depuis la course magique de Roger Bannister, des milliers de personnes ont parcouru le mile (1,6 km) en moins de 4 minutes. En 30 ans, le record mondial a été battu plus de 15 fois. Il se situe maintenant à 3 minutes et 43 secondes. Celui qui le détient actuellement est Hicham El Guerrouj, originaire du Maroc, avec un temps de 3:43:13. Même des lycéens ont battu le

record du mile en 4 minutes. En 1997, Daniel Komen, originaire du Kenya, a doublé l'exploit en courant 2 miles en moins de 8 minutes.

101 **Albert Bandura.** J'ai puisé dans plusieurs sources notamment dans l'ouvrage de référence en psychologie d'Albert Bandura (1986), *Social Foundations of Thought and Action : A Social Cognitive Theory* et (1998) "Organisational Applications of Social Cognitive Theory ", Australian Journal of Management, 13.2., p275-302. Des méta-analyses de Sadri et Robertson (1993), ainsi que des études méthodologiques et analytiques très vastes, en laboratoire et sur le terrain de Stajkovic et Luthans (1998) qui prouvent de façon évidente que les croyances sur l'efficacité influencent le niveau de motivation et de performance.

105 **L'effet Pygmalion.** Cela a d'abord été découvert, prouvé et inventé par le professeur Robert Rosenthal et Lenore Jacobson en 1968 lors d'une expérience en classe. L'effet a été nommé d'après une pièce de George Bernard Shaw.

105 **L'expérience de l'armée**. Dov Eden (1992), "Leadership and Expectations: Pygmalion Effects and Other Self-fulfilling Prophecies in Organizations", Leadership Quarterly, 3(4), pp271-305.

108 **Travailleurs à l'usine.** Dov Eden (1992), "Leadership and Expectations: Pygmalion Effects and Other Self-fulfilling Prophecies in Organizations", Leadership Quarterly, 3(4), pp271-305.

CHAPITRE 9

115 **CO_2mplexité (1).** Soyons clairs. Toute complexité n'est pas mauvaise. La complexité externe donne aux entreprises l'opportunité de créer des niches et aide à éviter la banalisation. Prenez une entreprise de télécom qui offre des crédits d'appel utilisant différentes marques, chacune faisant appel à différents segments de clientèle. Cela rend le plan tarifaire très complexe. Tirez avantage de cette complexité. La

complexité interne n'offre pas les mêmes bénéfices. C'est un état auto-crée où seule l'entreprise est fautive. Mais cette complexité ne devrait pas trouver son chemin à l'intérieur des murs de l'entreprise. Les stratèges qui réussissent savent qu'une complexité externe créée des opportunités commerciales, tandis que la complexité interne les tuent lentement.

CO_2mplexité (2). Notre comportement vis-à-vis des e-mails ajoute également à la complexité interne. Deux consultants de chez Bain, Chris Brahm et Eric Garton (2012), ont récemment fait une étude portant sur 2 300 managers dans une société industrielle mondiale comptant 14 000 employés. En tant que groupe, ces individus ont envoyé et reçu plus de 260 000 e-mails par mois les uns aux autres. Pour couronner le tout, le manager classique consacrait 8 heures chaque semaine à des réunions, pour les managers séniors le chiffre s'évaluait à plus de 20 heures, et le volume horaire continuait de s'accroître. En moyenne, pendant une réunion, à peu près un quart des participants envoie au moins deux e-mails toutes les 30 minutes. *(Vous vous demandez quand ces managers travaillent, n'est-ce pas ?).* L'article s'intitule : « Votre entreprise est connectée, mais peut-elle prendre et exécuter de bonnes décisions ? »

CO_2mplexité (3). Sans avoir fait de recherches à proprement parler, je pense que vous pouvez catégoriser les entreprises sur 4 niveaux suivant une échelle de maturité pour lutter contre la complexité interne : Niveau 1 : L'organisation ne se soucie pas de la simplicité. La réduction de la complexité est inexistante. Tout le monde continue d'ajouter des choses. Pour tenter de gérer la complexité externe, les entreprises créent une complexité interne. Niveau 2 : Certaines personnes lancent des initiatives de simplification sur une base ad hoc et individuelle. Niveau 3 : L'organisation soutient activement les efforts de réduction de la complexité. Niveau 4 : Réduire l'empreinte de complexité est la norme pour les individus, les équipes et l'ensemble de l'organisation. L'art de la simplicité est intégré dans les processus de gestion des ressources humaines et de performance de l'organisation.

117 **Leo Babauta.** Son site web de motivation s'appelle *Zen Habits* disponible à l'adresse : www.zenhabits.com. Il a un deuxième blog sur le minimalisme que l'on peut trouver à l'adresse : www.mnmlist.com.

119 **La règle des 150.** Aussi connue comme « le nombre de Dunbar », nommé d'après l'anthropologue britannique Robin Dunbar.

119 **Selon.** Chris Zook et James Allen (2012), *Repeatability*, Harvard Business Review Press.

117 **La croissance.** La croissance n'est pas une stratégie, ce n'est pas un grand choix. La croissance est une conséquence d'un grand choix.

121 **L'histoire de Tata.** J'ai compilé l'histoire à partir de plusieurs sources notamment *Business Standard*, 29 septembre 2009 et le site web de la Tata Nano, www.tatanano.com. Il est intéressant de savoir que Ratan Tata a remporté en 2009 le prix de l'innovation de *The Economist* pour l'innovation des processus opérationnels. « Les idées innovantes sont partout », a déclaré Mark Langley, vice-président exécutif et chef de l'exploitation du Project Management Institute. « Ce que nous saluons avec le Business Process Award est plus rare : la mise en œuvre, à travers des projets et des programmes efficaces qui traduisent les idées en un changement durable. La Nano de Tata Motors remet en question la manière dont les automobiles ont été fabriquées et commercialisées pendant cent ans. L'application de la gestion de projet témoigne de l'expérience du groupe Tata dans le raffinement de ses processus, de la salle de conseil à la production, et promet la transformation d'une industrie confrontée à un milliard de nouveaux clients au cours de la prochaine génération. »

118 **Le modèle classique des cinq forces de Porter.** Comme mentionné précédemment, un bon livre pour se mettre au diapason de la stratégie est : *Understanding Michael Porter* , Joan Magretta (2012), Harvard Business Review Press.

CHAPITRE 10

131 **Plus d'examples.** Charles Duhigg (2012), *Le pouvoir des habitudes*, Random House.

132 **Deux professeurs.** Jeremy Dean (2013), *Making Habits, Breaking Habits*, Oneworld Publications.

CHAPITRE 11

137 **Dixie Dansercoer.** Pour les détails sur le voyage de Dansercoer, je lui dois de m'avoir généreusement accordé son temps. J'ai également tiré de plusieurs de ses livres, y compris *Beyond the Challenge*, Dutch edition par Snoecks.

138 **L'idée était.** Voici un aperçu de l'itinéraire initial envisagé par Dansercoer et Deltour.

139 **Il remarqua.** Roland Huntford (1999, version mise à jour), *The Last Place on Earth,* Random House.

140 **Les intentions de mise en œuvre.** J'ai tiré de plusieurs sources, notamment Peter M. Gollwitzer (1999), "Implementation Intentions: Strong Effects of Simple Plans", American Psychologist, Vol 54, No 7, pp493-503. Inge Schweiger Gallo et Peter M. Gollwitzer (2007), "A look back at 15 years of progress", Psychothema, Marieke Adriaanse et les autres, "Breaking Habits with Implementation Intentions: a test of Underlying Processes." Chip et Dan Heath (2010), *Switch,* Random House et Charles Duhigg (2012), *Le pouvoir des habitudes,* Random House.

143 **Jerry Seinfeld**. Jeremy Dean (2013), *Making Habits, Breaking Habits,* Oneworld Publications.

--L'avenir est façonné par les décisions que nous prenons aujourd'hui--

Index

Idées

Remerciements

Écrire un livre est aussi un peu un voyage. Et j'ai rencontré beaucoup de péripéties sur la route au cours de la dernière année. Heureusement, j'ai pu compter sur les autres pour me guider jusqu'à la ligne d'arrivée.

Tout d'abord, un grand merci à tous les chercheurs sur le terrain. Inconsciemment, vous avez fourni des pépites d'or pour étayer les raisonnements de cet ouvrage.

Un merci tout particulier à vous l'équipe de recherche de The performance factory, pour les longues heures et l'engagement dans ce très grand projet de recherche. Et ShiftIn Partners, notre partenaire au Moyen-Orient. Merci pour le partage des idées et l'enthousiasme pour ce projet.

Merci également à Siân Hoskins, ma magicienne des mots. Toujours là, quand j'ai besoin de toi. Ne manquant jamais une deadline. Et Paul Niven, pour la relecture du premier manuscrit et pour les idées pertinentes.

Jana Keppens, mon maître d'art. Et Paul Verhoestraete, pour les heures interminables de dessin à traduire les idées en illustrations vivantes.

Dixie Dansercoer, merci d'avoir pris le temps de partager tes expériences incroyables. Nos discussions m'ont donné un aperçu de ce que c'est qu'entreprendre des aventures impossibles.

Cela a été un réel plaisir de travailler avec Agathe Vigneras, Lysiane Ho A Kwie et Vincent Lion. Je tiens à les remercier pour leur efficacité et le travail colossal réalisé afin de faire de l'édition française un franc succès.

Karen, Lauren, et Jonas pour avoir supporté un individu qui était physiquement présent mais a vécu dans sa tête pendant plusieurs mois.

Et le dernier mais non le moindre, vous, mon cher lecteur. Merci d'avoir lu. J'espère sincèrement que les idées contenues dans ce livre vous aideront à amener vos idées à la ligne d'arrivée.

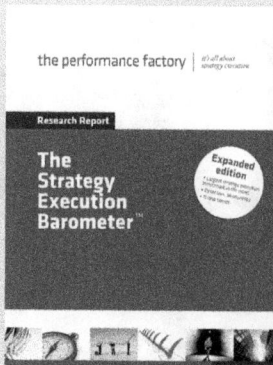

ISBN 978-908148737-5

www.ingramcontent.com/pod-product-compliance
Lightning Source LLC
Chambersburg PA
CBHW061248220326
41599CB00028B/5576